FINANCIAL DEVELOPMENT
REPORT OF HANGZHOU 2019

2019年度
杭州金融发展报告

杭州市人民政府金融工作办公室 编

ZHEJIANG UNIVERSITY PRESS
浙江大学出版社

图书在版编目(CIP)数据

2019年度杭州金融发展报告 / 杭州市人民政府金融工作办公室编. — 杭州：浙江大学出版社，2020.10
ISBN 978-7-308-20617-4

Ⅰ.①2… Ⅱ.①杭… Ⅲ.①地方金融事业—经济发展—研究报告—杭州—2019 Ⅳ.①F832.755.1

中国版本图书馆CIP数据核字(2020)第181222号

2019年度杭州金融发展报告
杭州市人民政府金融工作办公室 编

责任编辑 石国华
责任校对 杜希武 夏湘娣
封面设计 杭州林智广告有限公司
出版发行 浙江大学出版社
(杭州市天目山路148号 邮政编码310007)
(网址：http://www.zjupress.com)
排　　版 杭州星云光电图文制作有限公司
印　　刷 杭州良诸印刷有限公司
开　　本 710mm×1000mm 1/16
印　　张 16.5
字　　数 260千
版 印 次 2020年10月第1版 2020年10月第1次印刷
书　　号 ISBN 978-7-308-20617-4
定　　价 58.00元

浙江大学出版社市场运营中心联系方式 (0571) 88925591;http://zjdxcbs.tmall.com

《2019 年度杭州金融发展报告》
编辑委员会

前　言

虽然受到疫情特殊情况的影响，但《2019 年度杭州金融发展报告》还是在金融监管部门和杭州市各相关单位的大力支持下，如期与大家见面了。《2019 年度杭州金融发展报告》从综合、运行、金融聚集、政策以及规划调研等视角出发，客观而又具体地展现了 2019 年杭州金融业总体发展与运行状况，并对政府与监管部门出台的政策措施做了比较全面的梳理，附录部分包含了截至 2019 年末在杭的各类金融机构。

对世界来说，2019 年并不平静。国际局势风起云涌，各种意想不到的冲突与矛盾在全球各地相继涌现。全球宏观经济整体上呈疲弱态势，经济贸易增速显著放缓，外国直接投资大幅下降。美欧日等主要发达经济体经济增速持续下行，多数新兴经济体经济增长也出现放慢迹象。美国政府推行单边主义和保护主义政策导致世界经济增速下滑，同时各国尤其是发达经济体货币与财政政策的效果减弱，全球总需求不足也严重抑制了世界经济的增长。在此背景下，世界主要经济体适时采取应对措施，推出量化宽松政策或降低利率并扩大政府支出，避免了全球经济出现衰退。受负利率政策扩散、国际金融市场风险与投资信心缺失、部分国家深陷社会动荡等因素影响，未来数年世界经济仍将在中低速轨道内前行。

对中国来说，2019 年并不轻松。中美贸易谈判在曲折中推进，国内经济在结构调整中稳步提质。过去的一年，我国经济总体保持平稳运行态势，在运行中出现诸多积极变化：一是经济结构优化升级持续推进；二是工业结构优化调整取得实效；三是减税降费政策红利显著；四是房地产市场“三稳”调控目标稳步落实。但也面临着经济下行压力加大、工业运行稳中趋缓、物价水平上涨较快、投资需求不振、消费需求不稳、区域增长不平衡加剧等难题。

2019 年，杭州市经济运行稳中有进、进中提质，数字经济引领持续发展。全市实现地区生产总值 15373 亿元，较上年增长 6.8%。杭州市金融系统扎实开展“不忘初心、牢记使命”主题教育，围绕杭州市委、市政府“干好一一六，当好排头兵”部署，聚力服务实体、防控风险和深化改革“三大任务”，推进金融供给侧结构性改革，大力实施“融资畅通工程”，加快杭州金融业从外延式扩张转向内涵式发展，促进经济与金融良性循环、健康发展。全市金融运行保持平稳态势，市场融资规模持续扩大，金融服务质效不断优化，金融基础设施不断完善，对经济发展的支撑保障作用进一步增强。全年金融业实现增加值 1789 亿元，同比增长 9.1%。金融业增加值占全市 GDP 比重达 11.6%，较上年提高 0.4 个百分点。

虽然世界和中国经济形势发展面临众多的不确定性，但在杭州市委、市政府领导下，我们依然有信心进一步提升杭州金融业发展的质量和效率，更好地服务杭州经济社会发展。我们将进一步落实好“融资畅通工程”，围绕杭州经济发展需求，保持信贷投放合理适度增长，着力拓宽企业融资渠道，持续优化信贷结构；全力支持国际金融科技中心建设，聚力聚焦金融对外开放，助力打造一流营商环境；统筹逆周期调节和风险防控，有效发挥经济下行期金融对经济的托举作用。

衷心感谢中国人民银行杭州中心支行、浙江银保监局、浙江证监局、省农信联社杭州办事处、杭州市发改委、杭州金融仲裁院、江干区金融办、玉皇山南基金小镇、运河财富小镇、西溪谷互联网金融小镇、湘湖金融小镇、黄公望金融小镇、杭州市白沙泉并购金融研究院的大力支持。欢迎广大读者对报告提出建设性的意见，让我们在以后能够做得更好。

《2019 年度杭州金融发展报告》编委会

2020 年 8 月

目 录

综合篇

运行篇

金融集聚区篇

政策篇

规划调研篇

大事记

机构名录

综　合　篇

2019年杭州市金融服务业发展报告

杭州市金融办

2019年,杭州市经济运行稳中有进、进中提质,数字经济引领持续发展。全市实现地区生产总值15373亿元,较上年增长6.8%。分产业看,第一产业增加值326亿元,增长1.9%;第二产业增加值4875亿元,增长5.0%;第三产业增加值10172亿元,增长8.0%。三大产业增加值结构调整为2.1∶31.7∶66.2(2018年为2.1∶32.8∶65.1)。

2019年,面对国内外风险挑战明显上升的复杂局面,杭州市金融业全面贯彻国家和省、市金融重大部署,积极加大金融服务实体经济力度,扎实做好金融风险防控,实现各项金融指标继续稳步上行,达到历史最好水平。其中,全市实现金融业增加值1789亿元,较上年增长9.1%,增速超出地区生产总值2.3个百分点;占全市地区生产总值比重11.6%,创历史新高;占第三产业比重17.6%,较上年提高0.4个百分点(见表1)。中国(深圳)综合开发研究院2019年12月发布的第十一期"中国金融中心指数"显示,杭州金融综合竞争力全国排名第6。

表1　2018—2019年全市金融业增加值

时间	地区生产总值/亿元	同比增减/%	第三产业增加值/亿元	同比增减/%	金融业增加值/亿元	同比增减/%	金融业增加值占地区生产总值比重/%
2018年	14307	6.7	9307	7.5	1600	12.3	11.2
2019年一季度	3230	7.5	2078	9.2	311	9.2	9.6
2019年上半年	6949	6.9	4476	8.8	658	10.1	9.5
2019年前三季度	10511	6.7	6779	8.4	1037	9.3	9.9
2019年	15373	6.8	10172	8.0	1789	9.1	11.6

注:1.根据第四次全国经济普查结果和我国GDP核算制度规定有修订。

2.数据来源:杭州市统计局、杭州市金融办。

一、金融服务业运行概况

(一)融资结构进一步优化

2019 年,杭州市新增社会融资规模 8070.87 亿元,在历史上处于第二高位。分种类看,以人民币贷款为主体的间接融资 6414.34 亿元,较上年少增 1149.01 亿元;以债券、股权融资为主体的直接融资 1656.52 亿元,较上年多增 460.65 亿元(见表 2)。至年末,直接融资、间接融资占比分别为 20.5%和 79.5%,较年初分别上升和下降 6.8 个百分点,结构呈均衡化发展态势。

表 2　全市社会融资规模及构成　　单位:亿元

融资项目		2019 年新增	2018 年新增
地区社会融资规模		8070.86	8759.20
间接融资	人民币贷款	6093.14	7293.53
	外币贷款(折人民币)	−35.82	−33.06
	委托贷款	−328.08	−265.52
	信托贷款	2.90	295.50
	未贴现的银行承兑汇票	529.89	53.37
	其他	152.31	219.53
	合计	6414.34	7563.35
直接融资	企业债券融资	941.47	571.97
	非金融企业境内股票融资	83.71	192.69
	地方政府债	504.56	282.87
	其他	126.78	148.34
	合计	1656.52	1195.87

数据来源:中国人民银行杭州中心支行。

(二)金融业态继续集聚

2019 年,全市新增银证保持牌金融机构 12 家,其中新增 3 家银行业机构、6 家证券营业部、3 家保险业机构。至年末,全市共有各类银证保持牌金融机构 585 家,其中银行业 85 家,证券业 416 家,省级以上保险机构 84 家。银行业机构具体为政策性银行 3 家、国有商业银行 5 家、股份制商业银行 12 家、邮政储蓄银行 1 家、城市商业银行 13 家、外资银行 12 家、民营银行 1 家、农村中小金融机构 18 家、金融资产管理公司 4 家、信托公司 4 家、财务公司 8 家、金融租赁公司 1 家、消费金融公司 1 家、汽车金融公司 1 家、商业银行理财子公司 1 家；证券业机构具体为证券公司 3 家、证券资产管理公司 2 家、证券分公司 56 家、证券营业部 263 家、证券投资咨询机构 2 家、公募基金公司 1 家、期货公司 10 家、期货营业部 79 家。

2019 年末，全市主要地方金融业态中，有小贷公司 55 家、融资担保公司 117 家、典当公司 95 家、融资租赁公司 251 家、地方各类交易场所 11 家、第三方支付机构 10 家。

（三）银行业运行稳健

1. 贷款增势趋缓

至 2019 年末，全市金融机构本外币各项贷款余额 42245.17 亿元，较年初增加 6086.24 亿元，增幅 15.43%，增速较上年下降 9.6 个百分点。分月份看，贷款增速总体呈下降趋势（见图 1）。

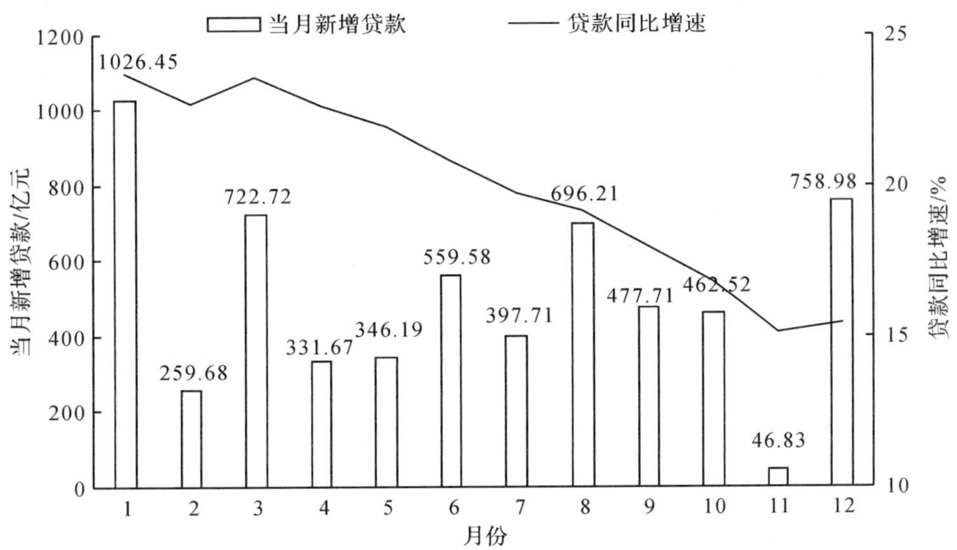

图 1　2019 年全市金融机构本外币各项贷款月度增长情况

数据来源：中国人民银行杭州中心支行。

从贷款结构看，2019 年末全市住户贷款余额 16518.00 亿元，较年初增加 3011.78 亿元，占全部新增贷款的 49.50%；非金融企业及机关团体贷款余额 25375.49 亿元，较年初增加 3041.07 亿元，占全部新增贷款的 50.00%。从期限结构看，年末中长期贷款余额 25274.48 亿元，较年初增加 3670.11 亿元，占全部新增贷款的 60.50%(见表 3)，显示贷款结构进一步中长期化。

表 3　2019 年末全市金融机构本外币贷款余额及增幅

指标	年末余额/亿元	比年初增长/亿元	同比增减/%
各项贷款余额	42245.17	6086.24	15.43
其中：一、住户贷款	16518.00	3011.78	18.45
1.短期贷款	5926.76	1366.46	11.03
2.中长期贷款	10591.24	1645.32	23.05
二、非金融企业及机关团体贷款	25375.50	3041.07	13.62
1.短期贷款	8113.72	482.88	5.69
2.中长期贷款	14683.24	2024.79	16.42
3.票据融资	1627.29	500.87	44.47
4.融资租赁	931.33	56.10	6.41
5.各项垫款	19.92	−23.57	−54.20

数据来源：中国人民银行杭州中心支行。

从贷款投向行业看，剔除购房贷款因素，2019 年内贷款增长最快的 3 个行业分别为租赁和商务服务业，房地产开发，水利、环境和公共设施管理业，增幅依次为 13.52%、12.38%、10.41%；年内新增额最大的 3 个行业分别为房地产开发，水利、环境和公共设施管理业，租赁和商务服务业，增加额依次为 418.19 亿元、362.53 亿元、336.19 亿元(见表 4)。需关注的是，制造业贷款同比增长 6.75%，为近十年内增幅最大，显示金融支持实体经济发展力度持续加大。

表 4　2019 年全市各行业贷款情况

贷款投向行业	余额/亿元	比年初增减/亿元	同比增减/%
制造业	4893.53	309.53	6.75
批发和零售业	2035.42	157.92	8.41
水利、环境和公共设施管理业	3844.77	362.53	10.41
租赁和商务服务业	2806.41	336.19	13.52
信息传输、软件和信息技术服务业	373.05	−66.10	−15.05
房地产开发	3794.95	418.19	12.38
购房	8290.28	964.53	13.22

数据来源：中国人民银行杭州中心支行。

从贷款企业类型看，2019 年末大型企业、中型企业、小型企业和微型企业贷款余额分别为 7565.07 亿元、9063.95 亿元、5871.32 亿元和 1117.36 亿元，同比分别增长 11.35%、13.41%、10.60%和 14.02%。

从辖内四区三县（市）看，贷款增速排名前三的依次为余杭、临安、建德，增速分别是 27.22%、24.42%和 23.02%（见表 5）。

表 5　2019 年末县（市、区）本外币贷款余额占比和增速

指标	萧山	余杭	富阳	临安	桐庐	淳安	建德
余额/亿元	4428.49	2629.24	1489.99	803.20	555.82	311.87	451.65
占比/%	10.48	6.22	3.53	1.90	1.32	0.74	1.07
增速/%	13.84	27.22	16.13	24.42	19.01	14.9	23.02

数据来源：中国人民银行杭州中心支行。

2. 存款增势稳健

至 2019 年末，全市金融机构本外币各项存款余额 45286.99 亿元，较年初增加 5454.76 亿元，增幅 13.76%，增幅较上年增加 4.64 个百分点。分月份看，存款稳健增长（见图 2）。

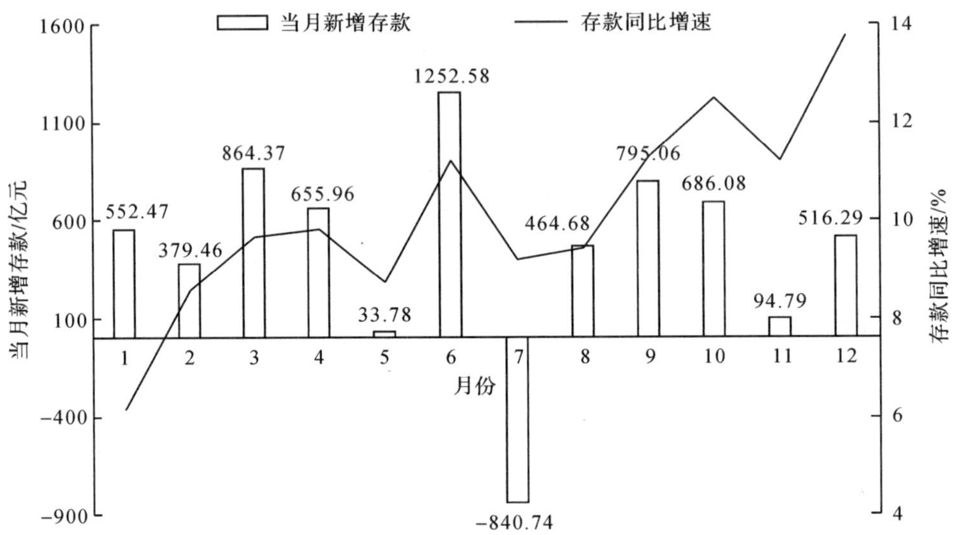

图 2　2019 年全市金融机构本外币各项存款月度增长情况

数据来源：中国人民银行杭州中心支行。

3. 资产质量继续向好

2019 年，全市银行业机构累计实现利润 600.10 亿元，较上年增长 20.90%。至年末，全市不良贷款余额 360.45 亿元，较年初下降 34.14 亿元；不良率 0.85%，较年初下降 0.25 个百分点，低于全省平均水平 0.06 个百分点，达到历史最低水平。

（四）证券期货业快速发展

1. 证券业快速发展

2019 年，全市证券经营机构累计代理交易额 17.34 万亿元，较上年增长 25.80%，交易额占全省的 41.11%。全年实现利润 8.71 亿元，较上年增长 131.03%。年末托管市值 15866.58 亿元，较年初增长 45.36%。年末证券投资者开户数为 719.24 万户，较年初增长 10.87%。

2. 期货业较快发展

2019 年，全市期货经营机构累计代理交易额 35.2 万亿元，较上年增长 30.7%，交易额占全省的 71.7%。全年实现利润 17.49 亿元，较上年增长 29.27%。年末期货投资者开户数 29.34 万户，较年初增长 9.92%。

3. 企业上市(挂牌)数大幅增长

2019年,全市新增境内外上市公司22家,较上年多增12家。至年末,杭州共有境内外上市公司192家(境内146家、境外46家),境内上市公司总数仅次于北京、上海和深圳,列全国第四位。新增浙江股交中心挂牌企业358家、股份制改革企业232家,年末共有浙江股交中心挂牌企业2594家、股份制改革企业2120家。

4. 股权融资继续活跃

2019年,全市实现股权融资637.45亿元。其中:上市公司IPO融资162.33亿元;上市公司实施定增募集资金81.30亿元;新三板挂牌企业实施定增募集资金4.20亿元;上市公司并购重组73家次涉及资金389.62亿元。

5. 债券融资稳中有升

2019年,全市债券融资1687.80亿元,较上年增长17.10%。其中,银行间市场债务融资工具1336.70亿元,可转债51.10亿元,上市企业公司债30亿元,企业债获批270亿元。

(五)保险业大幅增长

2019年,全市保险机构累计保费收入846.27亿元,较上年增长27.52%,占全省的32.20%。其中财产险保费收入270.85亿元,较上年增长14.50%;人身险保费收入575.41亿元,较上年增长34.73%。

2019年,全市保险机构累计赔付支出243.08亿元,较上年增长19.85%,占全省的27.70%。其中财产险赔付支出162.06亿元,较上年增长21.10%;人身险赔付支出81.02亿元,较上年增长17.43%。

(六)地方金融业增势稳健

1. 地方法人机构经营稳健

至2019年末,杭州银行资产总额10241亿元,较上年增长11.20%;存款余额6139亿元,较上年增长15.20%;贷款余额4141亿元,较上年增长18.10%。全市农信系统机构资产总额5440.50亿元,较上年增长14.40%;存款余额5091.92亿元,较上年增长15.80%;贷款余额3704.07亿元,较上年增长18.70%。

村镇银行和资金互助社资产总额127.83亿元，较上年增长10.60%；存款余额92.80亿元，较上年增长18.10%；贷款余额96.34亿元，较上年增长7.50%。4家法人信托公司资产总额223.30亿元，较上年增加16.70亿元；负债总额37.80亿元，较上年减少5亿元；实收信托规模4447.10亿元，较上年下降400.90亿元。

2.小贷行业小幅回落

2019年，全市小贷公司累计放贷金额238.12亿元，较上年下降8.10%；年末贷款余额119.31亿元，较年初下降9.50%，其中小额贷款余额46.40亿元，占比38.90%。

3.担保行业趋好发展

2019年，全市新增担保业务金额668.50亿元，新增担保户数44929户。担保业务期末责任余额595.00亿元，担保户数86752户。

4.典当行业基本平稳

2019年，全市典当公司累计发生业务金额137.23亿元，较上年下降9.86%；年末典当余额32.80亿元，较上年增长11.98%。

5.地方性交易场所趋于稳健

2019年，浙江金融资产交易中心累计成交金额203.70亿元，同比下降58.50%。浙江互联网金融资产交易中心累计成交金额73.67亿元，同比增长16.90%。浙江股权交易中心累计成交金额36.76亿元，同比增长353.50%。杭州产权交易所累计成交金额122.48亿元，同比增长10.90%。

6.第三方支付省内领先

2019年，全市支付机构共发生支付业务7.4亿笔，金额5338亿元，占全省支付机构业务比例分别为90.27%和66.21%。

7.私募基金业规范调整

2019年末，全市在中国证券投资基金业协会完成登记的备案私募基金管理人1550家，较年初减少21家；备案基金5252支，较年初增加521支；管理资产规模5837.26亿元，较年初增加751.26亿元。私募基金管理人家数、备案基金数、管理资产规模分别占全省的53.3%、56.1%和48.5%。

二、地方金融工作推进情况

(一)筑根基,着力增强金融产业总体实力

抓住国家逆周期实施货币政策的机遇,推进金融行业加快发展。持续丰富金融业态。纵深推进钱塘江金融港湾平台建设,着力打造港湾四大功能区块,规划建设钱江新城二期、金融特色小镇集聚物理平台,会同相关部门制定发布港湾政策意见配套实施细则,理顺一次性落户奖励、财税奖补等操作流程,多措并举招引相关机构落地。其中钱江新城、钱江世纪城已招引省级以上持牌金融机构70余家,玉皇山南等5个省市金融特色小镇已集聚各类金融服务机构5000余家,管理资产规模近2万亿元。持续做大金融总量。支持金融机构向上级争取信贷资金额度,研究地方法人金融机构增资扩股事项,破除信贷投放资金来源和资本约束限制,努力增加地方信贷投入。深化投融资体制改革,规范发展PPP,引导保险资金、产业基金、融资租赁、信托等多元化资金,以多种方式支持我市建设。持续优化融资结构。充分发挥银行间市场和上交所、深交所作用,引导企业通过上市、发债等多种融资方式,扩大直接融资利用,增加直接融资占比。

(二)正本源,不断提高金融服务实体经济质效

以“六大产业”为着重点,深入贯彻党中央、国务院“金融服务民营企业十八条”、省“融资畅通工程”,深入组织开展金融支持实体经济高质量发展大服务活动,引导优化资金投向结构。突出服务民营经济。重点围绕当前民企融资面临的“六难一贵”问题,通过建设杭州金融综合服务平台,出台平台贷款补助办法,完善“四张清单”,同时积极运用金融机构支持地方经济发展评价激励政策、央行民营企业债券融资支持计划等政策,发挥市融资担保公司、产业基金作用,合力缓解民营企业融资难融资贵问题。全市民营企业贷款年末余额达到1.45万亿元,同比增长12.6%。突出服务创新驱动。深入实施“凤凰行动”计划,修订完善《杭州市重点拟上市企业认定办法》,促成上交所两个服务基地分别落户上

城、余杭,加快推进企业上市。抢抓科创板试点机遇,推进杭可科技、虹软科技、安恒信息、鸿泉物联、当虹科技 5 家科创企业上市,数量位居全国前列。建立健全上市企业梯队,优化企业上市服务,举办各类上市和并购重组政策解读会 12 场次,认定市级重点拟上市企业 116 家、区级上市后备企业 263 家。突出服务重大项目。围绕我市重大产业、交通、环境、亚运基础设施和城中村改造攻坚、小城镇环境综合整治等重点建设项目、产业转型升级项目和城乡统筹项目,强化政银企对接,统筹好资金保障。

(三)垒高地,加快建设国际金融科技中心

主动融入长三角一体化发展,按照差异化发展导向,优化金融布局。聚焦产业规划一体化。省市联合编制发布《杭州国际金融科技中心建设专项规划》,重点打造“一核(钱江新城和钱江世纪城)、两轴(钱塘江金融港湾和城西科创大走廊)、四路(文一西路、西溪路、钱江路、江南大道)、多点(众多金融集聚区)”。研究沪杭两地金融合作框架,推进金融科技要素配置、产业服务、标准体系、平台发展一体化。利用上海自贸实验区新片区增设契机,联动创新浙江自贸实验区杭州新片区。推进“杭州都市圈”金融一体化发展。聚焦重点项目推进。签约落地亚洲唯一世界银行全球数字金融中心,大力筹建国内首家中外合资银行卡清算机构——连通(杭州)技术有限公司,推动规划建设蚂蚁金服全球总部项目,力争在重大项目、重要领域和关键环节上率先取得突破、形成示范效应。聚焦品牌宣传推广。成功举办钱塘江论坛、第五届全球私募基金西湖峰会、国际高端金融人才钱塘论坛等高端论坛峰会,打造品牌论坛,扩大杭州金融影响力。

(四)防风险,坚决打赢金融风险防范化解攻坚战

继续强化监管主体责任和属地责任,健全风险处置化解工作机制,严密防范各类风险交叉传导,防止出现区域性、系统性金融风险。严控网络借贷风险。按照“三严两强化”工作部署,认真压实属地责任和主体责任,重点加大亿元以上机构的引导退出和分类处置工作力度,实现全市存量网络借贷机构数、未兑付金额、出借人数“三下降”。严控风险交叉传染。密切跟踪企业债务、私募金融、交易场所等各类金融风险,及时纾解上市公司股权质押风险,维护金融稳

定。深入排查私募金融、新兴金融、房地产等领域风险。结合扫黑除恶专项行动，联合监管部门、公安机关加大对非法集资、金融诈骗的打击力度。防止银行不良贷款反弹。严控金融风险苗头。落实属地管理责任，推进金融风险网格化管理。把好金融业态招引关、注册关。强化宣传教育，提升全社会抗风险能力。开展全民“携手助网·同防共治”防范非法集资宣传月活动。

（五）强党建，持续提升金融治理效能

按照“不忘初心、牢记使命”主题教育要求，不断提高地方金融工作的能力和水平，为地方金融事业发展提供根本保证。做实行业党建。牵头组建“钱塘江金融港湾党建联盟”，推进金融行业完善党组织架构，力求实现金融系统党组织全覆盖，塑造地方金融党建品牌。成立金融服务讲师顾问团，广泛开展金融业务知识宣传，实现党建工作和金融业务同部署、通推进，增强群众金融获得感。做实管理体系。贯彻全市机构改革方案，按照“地方金融由地方金融监管机构统一归口监管”的要求，整合地方金融管理职能，由市金融办统一归口管理融资担保、典当等地方金融业态，成立金融稳定处，专职防范化解金融风险。在上城、下城、江干、拱墅、萧山、富阳等6个重点金融集聚区，单设金融工作办公室。做实人才引育。落实全市金融人才三年发展计划，全面实施“钱塘金才”专项支持政策，做好重点金融业态人才服务，落地金融资格证书奖励举措。推进金融人才改革试验区增点扩面。

2019年杭州市金融运行报告

中国人民银行杭州中心支行

2019年，杭州市金融系统扎实开展“不忘初心、牢记使命”主题教育，围绕杭州市委、市政府“干好一一六，当好排头兵”部署，聚力服务实体、防控风险和深化改革“三大任务”，聚焦“三大攻坚战”，推进金融供给侧结构性改革，大力实施“融资畅通工程”，加快杭州金融业从外延式扩张转向内涵式发展，促进经济与金融良性循环、健康发展。

一、2019年杭州市金融运行概况

2019年，全市金融运行保持平稳态势，市场融资规模持续扩大，金融服务质效不断优化，金融基础设施不断完善，对经济发展的支撑保障作用进一步增强。全年金融业实现增加值1789亿元，同比增长9.10%。金融业增加值占全市GDP比重达11.64%，较上年提高0.4个百分点。

（一）银行业稳步发展，信贷规模平稳增长

全市银行业按照逆周期调节要求，认真落实稳健货币政策，改革创新工作有序开展。银行业规模持续扩大，经营绩效保持良好，信贷总量较快增长，结构越趋合理，不良贷款率持续降低。

1.银行业规模继续扩大，经营绩效良好

截至2019年末，在杭银行业金融机构共有85家①。全年实现利润715.20亿

---

① 包括政策性银行3家、国有商业银行5家、股份制商业银行12家、邮政储蓄银行1家、城市商业银行13家、农村中小金融机构18家、外资银行12家、民营银行1家、金融资产管理公司4家、信托公司4家、金融租赁公司1家、财务公司8家、消费金融公司1家、汽车金融公司1家、商业银行理财子公司1家。

元，同比增加 105 亿元，增长 17.20%。2019 年末杭州金融机构本外币存贷款情况如表 1 所示。

表 1　2019 年末杭州金融机构本外币存贷款情况　（单位：亿元）

机　构	存款余额	贷款余额
政策性银行	495.02	5199.15
商业银行	35231.05	28806.73
其中：国有商业银行	15829.18	11540.84
股份制商业银行	12864.65	12836.69
城市商业银行	6537.22	4429.20
农村合作机构	5059.64	3688.53
邮储银行	777.40	1488.70
民营银行	944.77	736.70
村镇银行	91.72	95.37
财务、信托、租赁公司	1286.64	1923.67
外资银行	355.65	325.71

数据来源：中国人民银行杭州中心支行。

2. 存款总体平稳增长，非金融企业存款增长较多

截至 2019 年末，全市金融机构本外币存款余额 45286.99 亿元，同比增长 13.76%；2019 年存款累计新增 5454.76 亿元，同比多增 2127.49 亿元。从存款结构看：(1)住户存款同比多增。2019 年，全市住户存款新增 1681.40 亿元，同比多增 153.74 亿元，增长 16.70%。(2)非金融企业存款增长较快。2019 年，全市非金融企业存款余额 20280.28 亿元，同比增长 16.49%。(3)广义政府存款增长平稳。2019 年，全市广义政府存款余额 9343.55 亿元，同比增长 10.67%。其中，全市财政性存款和机关团体存款余额分别为 1850.13 亿元和 7493.42 亿元，分别同比增长－0.42%和 13.80%。(4)非银行业金融机构存款趋降。2019 年全市非银行业金融机构存款余额 3095.46 亿元，同比下降 11.54%。

3. 住户贷款和中长期贷款增长较快，不良率持续下降

截至 2019 年末，全市金融机构本外币各项贷款余额 42245.17 亿元，同比增长 15.43%，全年累计新增贷款 6086.24 亿元。从贷款部门结构看，年末全

市住户贷款余额 16518.00 亿元，较上年末增长 3011.78 亿元，同比增长 18.45%；非金融企业及机关团体贷款余额 25375.46 亿元，较上年末增长 3041.07 亿元，同比增长 13.62%。从贷款期限结构看，年末中长期贷款余额 25274.48 亿元，较上年末增加 3670.11 亿元，同比增长 19.11%；年末短期贷款余额 14040.48 亿元，较上年末增加 1849.34 亿元，同比增长 7.88%。从贷款质量看，年末全市不良贷款余额 360.45 亿元，比年初减少 34 亿元；不良贷款率 0.85%，比年初下降 0.25 个百分点，低于全省 0.06 个百分点，创 2012 年 5 月以来新低。

(二)证券业稳步发展，融资规模快速提升

2019 年，杭州证券期货业发展势头良好，经营机构业务量与利润快速回升，资本市场有效支持实体经济(见表 2)。

表 2　2019 年杭州证券业基本情况

项　目	数　量
总部设在辖内的证券公司数(含资管公司)/家	5
证券营业部数/家	263
总部设在辖内的公募基金公司数/家	1
总部设在辖内的期货公司数/家	10
期货营业部数/家	79
年末境内上市公司数/家	146
境内上市公司年度累计募集资金总额/亿元	368.26
其中：首次发行累计筹资额/亿元	215.84
再融资累计筹资额/亿元	152.43

数据来源：浙江证监局。

1. 证券期货业经营绩效回升

2019 年末，全市法人证券公司(含资产管理公司)5 家，证券营业部 263 家，证券投资咨询机构 2 家。证券经营机构全年累计代理交易额 17.34 万亿元，同比增长 25.80%；实现利润 8.71 亿元，同比增长 131.03%。各法人证券公司继续推动证券经纪业务转型和产品创新。期货经营机构代理交易额 35.20 万亿元，同比增长 30.70%；实现利润 17.49 亿元，同比增长 29.27%。

2.资本市场融资快速增长

2019年末，全市共有上市公司192家，其中境内上市146家；全年新增上市公司22家，IPO融资162.3亿元，增长64.6%。境内上市公司中，主板上市64家，中小板块上市34家，创业板上市43家；“新三板”挂牌企业累计达245家。截至2019年末，全市备案的私募基金管理人1550家，较年初减少21家；备案基金5252支，较年初增加521支；管理资产规模5837.26亿元，较年初增加751.26亿元。

（三）保险业健康发展，市场体系日益完善

2019年，全市保险业务规模平稳增长，服务领域持续拓宽，现代保险经济补偿和风险保障功能有效发挥，服务实体经济能力进一步增强。

1.保险机构体系完善

截至2019年末，全市共有省级以上保险机构84家，保险专业中介法人机构79家。保险机构、中介机构、行业社团共同发展的市场格局更趋成熟(见表3)。

表3　2019年杭州保险业基本情况

项　目	数　量
总部设在辖内的保险公司数/家	4
其中:财产险经营主体/家	2
寿险经营主体/家	2
保险公司省级分支机构/家	84
其中:财产险公司分支机构/家	38
人身险公司分支机构/家	46
保费收入(中外资)/亿元	846.27
财产险保费收入(中外资)/亿元	270.85
人寿险保费收入(中外资)/亿元	575.41
各类赔款给付(中外资)/亿元	243.08

数据来源:浙江银保监局。

2.业务规模进一步增长

2019年，全市保险公司保费收入846.27亿元，同比增长27.52%。其中，

财产险保费收入270.85亿元，增长14.51%；人身险保费收入575.41亿元，增长34.73%。

3.保险保障功能有效发挥

为疏通中小创新企业融资堵点，积极深化银保合作，创新推出“人才创业险”、科技企业创新保险等品种。推动进出口银行浙江省分行和出口信保浙江分公司开展战略合作，创新出口信用保险保单项下融资模式。在滨江区和未来科技城开展政银保合作试点。2019年，全市支付各类保险赔偿款243.08亿元，同比增长19.85%，占全省的27.70%。其中，财产险赔付支出162.06亿元，增长21.10%；人身险赔付支出81.02亿元，增长17.43%。

(四)市场融资规模平稳增长，但增速逐步趋缓

1.融资规模继续扩大，融资增速有所趋缓

2019年，全市社会融资规模增量8071亿元，同比下降7.90%。全市非金融企业部门以贷款、企业债务工具、股票三种方式融入资金总额分别为6086亿元、1337亿元和84亿元。

2.同业拆借交易量有所下滑，净拆入规模同比下降

2019年，全市银行间市场成员累计拆借132912亿元，同比下降10%。净拆入资金共计42772亿元，同比下降2%。

3.黄金市场交投活跃，外汇市场稳步发展

2019年，全市银行业法人金融机构在上海黄金交易所共开展黄金业务16416亿元，是上年的1.9倍。全市在银行间即期外汇市场的交易币种以美元为主，交易方式以询价交易为主。

(五)金融服务不断优化，各项业务快速发展

1.信用体系建设稳步推进

(1)二代征信系统上线试运行。截至2019年末，共有56家小额贷款公司、担保公司、村镇银行等小微机构接入系统，系统覆盖面和服务范围有效延伸。(2)多元化、多层次的征信市场体系逐步形成。截至2019年末，全市共有备案企业征信机构5家，累计对外提供3.84亿次企业征信服务。(3)中小微企业和

农村信用体系建设持续深化。截至2019年末，全市累计为3.55万户尚未与银行发生信贷关系的中小微企业建立信用档案；已累计为118.6万农户建立了信用档案，对其中95万农户发放了贷款，有效起到了金融支农惠小的作用。

2. 支付服务市场平稳发展

（1）支付清算系统稳定运行。2019年，杭州市大、小额支付系统和网上支付跨行清算系统共处理业务9.61亿笔，金额290.15万亿元，同比分别增长4.95%和10.86%。（2）支付领域改革工作稳步推进。在全国率先取消企业银行账户许可，落实“两个不减，两个加强”的要求，实现企业银行开户“最多跑一次”，累计为50万新设中小企业提供安全、便利的银行开户服务。全国首家合资银行卡清算机构——连通（杭州）技术有限公司完成各项筹备工作。（3）城乡支付服务环境持续优化。全面实施“移动支付之省”建设。截至2019年末，杭州市云闪付App累计注册用户达264万户，全市共计1.05万辆公交车以及所有地铁线路支持移动支付应用。（4）持续开展银行卡助农服务。2019年度杭州市共发生各类助农业务156.21万笔，金额20.07亿元。其中，助农取款业务64.83万笔，金额6.28亿元；现金汇款业务42.46万笔，金额2.94亿元；转账汇款业务16.58万笔，金额9.74亿元；代理缴费及其他业务32.34万笔，金额1.13亿元。（5）支付服务市场风险整治成效不断强化。持续推进打击治理电信网络新型违法犯罪，累计协助公安机关查询银行账户9.25万户，协助冻结账户2.19万户，涉及金额5.78亿元。组织开展支付业务风险专项排查、深入推进无证经营支付业务整治工作，配合公安破获3起非法经营资金支付结算案件，冻结涉案资金1.82亿元，有效提升支付业务风险防控能力。组织开展支付结算管理专项督查，全面强化支付业务日常监管，累计对26家中国人民银行分支行、190家银行机构、53家支付机构开展现场督查，被督查机构数量占比分别达35.61%、88.78%和81.54%。

3. 外汇管理服务便利化持续推进

截至2019年末，全市有1090个银行机构网点开办结售汇业务，237个银行机构网点开办远期结售汇业务，164个银行机构网点经营期权业务。积极利用金融科技，为缓解企业“融资难”提供新解决方案。2019年，全市共有84家企业通过跨境金融区块链服务平台办理贸易融资业务，涉及业务634笔，融资金额3.26亿美元。在外汇收支便利化试点方面,全市共有19家企业参与货物贸易外汇收支便利化试点,办理试点业务1.95万笔,涉及金额60.38亿美元,有效提高了收付汇效率。2019年9月,浙江获批开展资本项目外汇收支便利化试点。9月至12月期间,全市共办理资本项目外汇收入支付便利化试点业务1089笔,涉及企业33家,支付金额1.58亿美元。全市共有33家企业参与跨境资金集中运营管理,2019年全年跨境收支56.44亿美元,占全省的62.78%。

4.跨境人民币业务发展迅速

截至2019年末,杭州市跨境人民币累计结算量为4553亿元,同比增长34%,占全省的54.30%。其中,货物贸易出口人民币结算617亿元;货物贸易进口人民币结算565亿元;服务贸易人民币结算1019亿元,同比增加23.20%;直接投资人民币结算额为880亿元,同比增长65.8%;跨境融资156亿元,同比增长10.00%。全市累计有43家银行、4843家企业与104个国家和地区开展跨境人民币业务,参与主体范围和地区分布更加广泛。跨境人民币贸易累计融入资金88亿元,有效满足了出口企业的融资需求。

二、需关注的几个问题

(一)信贷投放持续性面临不确定性

随着经济下行压力逐步向金融端传导,实体经济真实融资意愿和需求依然不够旺盛,信贷保持前期增速难度加大。一方面,传统产业发展面临结构转型、中美贸易摩擦和新冠肺炎疫情的多重压力。民营企业新增投资趋于理性、优势企业融资相对宽松对银行依赖度较低,加之新冠肺炎疫情、中美贸易战的后续影响进一步显现,导致企业生产、投资缩减,信贷需求下降。另一方面,优质小微市场竞争激烈。2019年以来,大中型银行下沉重心,头部小微客户争夺较为激烈。对省内2399名银行行长的问卷调查显示,逾四成行长反映当前贷款投放难,近六成行长认为贷款投放难度比上年同期增加。

(二)区域金融改革创新项目亟待破题深化

围绕杭州建设全国数字经济第一城的目标,杭州市的金融改革主题鲜明、内容新颖。包括杭州国际科技金融中心建设、世界银行全球数字金融中心运行等一批新增的改革项目需要尽快破题。一方面，在推动形成以“一湾、一城、一省、多区”为框架的浙江新兴金融中心建设格局中，杭州的金融部门要善于发现新问题、研究新方案、推出新举措。另一方面，针对省市两级党委政府提出的数字经济“一号工程”、“最多跑一次”改革、“四大”建设、长三角一体化等部署，金融部门要主动思考、积极谋划，做好衔接推动，不断探索创新成果。

（三）部分领域的金融风险仍需关注

一是小微企业存在过度融资风险。当前各家银行均把普惠小微作为投放重点，优质头部小微企业成为营销重点。部分银行反映，2019 年以来小微企业多头授信“垒小户”情况增多，存在过度融资隐患。二是房地产和政府隐形债务风险仍不容忽视。2019 年杭州市商品房交易呈现量跌价涨态势，房地产企业流动性风险有所加大。房地产企业资产负债率较高，上市房企平均负债率在75％左右，特别是前期“快扩张、高杠杆、高周转”且在三、四线城市业务较多的中小房企资金周转压力较大。同时，地方政府隐形债务风险底数不清。地方政府隐形债务规模、资金投向、融资渠道等信息不公开、不透明，风险判断难度较大。三是诸如 P2P 网络借贷、上市企业股权质押平仓风险、非法集资、金融诈骗以及大中型民营企业流动性风险等尚未完全出清。

三、下一步的工作重点

下阶段，将按照市委、市政府的工作部署，进一步落实好“融资畅通工程”，统筹逆周期调节和风险防控，有效发挥经济下行期金融对经济的托举作用，重点抓好以下工作。

（一）贯彻逆周期调节要求，稳总量和优结构并举

一是要保持信贷总量稳定增长。围绕杭州经济发展需求，保持信贷投放合理适度增长。分阶段把握货币政策的力度、节奏和重点，保持流动性合理充裕，特别是实现广义货币（M2）和社会融资规模增速与名义 GDP 增速基本匹配。

二是要着力拓宽企业融资渠道。要积极应对债券市场负面影响，在防范风险的基础上，支持辖内民营企业发债融资，继续深入实施民营企业债券融资支持工具，积极发挥债券市场服务实体经济功能。三是持续优化信贷结构。要继续加大对实体经济特别是民营、小微、制造业和外贸企业的支持力度。加大首贷户拓展力度，提升贷款覆盖率和信用贷款占比，实现小微贷款增量扩面。围绕智能制造、绿色制造、服务型制造等重点领域，落实有扶有控的差异化信贷政策，加大中长期制造业贷款投放比重。

（二）深化体制机制创新，推动金融改革走深走实

一是全力支持国际金融科技中心建设。联动推进杭州金融科技中心、移动支付之省、钱塘江金融港湾和金融特色小镇建设，加快发展数字金融、智慧金融等新金融业态，推动传统金融数字化转型，打造全国一流新兴金融中心。启动金融科技应用和金融标准创新建设试点等工作，力争到 2022 年，率先将杭州建设成为全球、全国领先的移动支付示范之城。二是聚力聚焦金融对外开放。重点做好连通（杭州）技术有限公司的筹备、开业的沟通协调工作，以世界银行全球数字金融中心落户杭州为契机，持续支持杭州引进国际知名的外资金融机构。三是助力打造一流营商环境。积极开展杭州金融业"放管服"改革，持续提升杭州市企业开户、支付清算、征信和国库等方面的服务水平。大力推动"最多跑一次"改革在金融系统走深走实，缩短融资链条，减环节、减时间、减材料，提高融资便利度。

（三）防范区域金融风险，维护良好金融生态环境

一是落实好防范化解金融风险的主体责任。金融机构要严格落实风险监测制度，定期排摸大型企业流动性风险，紧盯债券集中到期企业，股票高比例质押上市公司的大股东及规模较大的担保圈风险，摸清实情、积极应对。二是关注小微企业多头授信、过度授信风险。要加强信贷风险评估和管理能力，防止降低信贷准入门槛、无序竞争形成新的风险。三是防范房地产领域金融风险，要高度关注重点房地产企业财务状况和高价拿地等情况，加强对银行理财、委托贷款等渠道流入房地产的资金管理，防止信贷资金违规流入土地市场，防止信贷向房地产领域过度集中。

运 行 篇

2019年杭州市银行业保险业运行报告

浙江银保监局

2019年，杭州银行业保险业在市委、市政府的关心支持和监管部门的引导推动下，稳中求进、开拓创新，紧紧围绕杭州重大战略部署，着力优化金融服务，坚决打好风险攻坚战，有力支持了地方经济转型升级和民生保障。

一、整体运行态势良好

（一）银行业存贷款增势良好

截至2019年末，杭州地区银行业资产总额6.24万亿元，同比增长14.06%，高于全省增速2.72个百分点；负债总额6.01万亿元，同比增长13.99%，高于全省增速2.75个百分点；各项贷款4.22万亿元，同比增长15.43%，高于全省增速0.33个百分点；各项存款4.53万亿元，同比增长13.76%，高于全省增速1.07个百分点。

（二）信贷资产质量平稳向好

截至2019年末，杭州地区银行业不良贷款率0.85%（全省0.91%）、关注类贷款率2.02%（全省2.26%）、逾期贷款率0.96%（全省1.13%），分别比年初下降0.25个百分点、0.43个百分点和0.34个百分点，各项指标保持平稳。

（三）保险业持续较快发展

截至2019年末，杭州地区保费收入846.27亿元，同比增长27.52%，高于全省增速11.97个百分点。其中财产险公司保费收入270.85亿元，同比增长

14.51%；人身险公司保费收入 575.41 亿元，同比增长 34.73%。赔付支出 243.08 亿元，同比增长 19.85%，高于全省增速 4.76 个百分点。其中财产险公司赔付支出 162.06 亿元，同比增长 21.10%；人身险公司赔付支出 81.02 亿元，同比增长 17.43%。

二、全力支持杭州重大发展战略

（一）助力杭州打造区域金融中心

围绕钱塘江金融港湾、长三角一体化建设，支持辖区法人机构发展、优化银行保险机构布局，支持杭州银行发起设立全资理财子公司，成为全国首家获批筹建的城商行系列理财子公司。支持设立传化集团财务有限公司。支持中国银行重新设立杭州市分行，新设澳门国际银行杭州分行（境内第二家分行）、湖州银行杭州分行等。同时引导银行保险机构落地钱江新城，助力形成金融集聚区。2019 年 12 月，浙江银保监局搬迁至钱江新城。延伸县域监管力量，2019 年 6 月，设立余杭监管组，实现 7 个县（区）直辖监管组全覆盖。

（二）推动重点领域项目

引导银行保险机构支持杭州地区重大民生、基建工程，助力 2022 年亚运会场馆设施建设等。杭州地区新签银团贷款项目 25 个 1173.71 亿元，支持杭州地铁 10 号线一期工程、萧山国际机场三期、亚运主体育馆等重点项目。为了推动银行保险机构围绕打造杭州金融科技中心，浙江银保监局与滨江区政府签订战略合作协议，深化科技金融服务，全力支持杭州科技创新发展。支持杭州市政府采购领域中小企业信用融资管理，全年提供授信额度 1.9 亿元。

三、积极助推地方经济高质量发展

（一）增强信贷支持稳定性

将杭州 178 家授信 10 亿元以上企业全部纳入联合会商帮扶机制，实际帮扶企业8家，涉及表内外融资总额613.94亿元。累计为全市681家企业实施联合授信，授信总额达2698.525亿元，稳定融资预期。推进普惠型小微企业无还本续贷增量扩面，截至2019年末，杭州小微企业无还本续贷余额291.64亿元，比年初增长65%，为小微企业节约转贷成本2亿余元。推出中期流动资金贷款服务，将流动资金贷款期限由目前的1年以内延长到3年内，科学匹配企业生产周期，稳定预期，降低成本。

(二)提高信贷支持精准度

推行“4+1”小微金融服务模式，针对小微园区、供应链型、科创型、吸纳就业型等4类重点小微企业制订差异化、个性化、定制化金融服务方案，提升信贷投放质效。截至2019年末，杭州地区小微企业贷款余额1.01万亿元，同比增长17.38%，比各项贷款增速高1.95个百分点；本年新增1494.05亿元，同比多增170.99亿元；小微专营支行新增11家。深化银保合作，推出动产抵押、生猪活体抵押、知识产权质押等新型抵质押融资和“人才创业险”、科技企业创新保险，疏通中小创新企业融资堵点。推动进出口银行浙江省分行和出口信保浙江分公司开展战略合作，创新出口信用保险保单项下融资模式。在未来科技城和滨江区开展政银保合作试点。

(三)持续推动减负降本

引导辖内大型银行主动将普惠型小微企业贷款利率降到5%以内，有效促进行业整体利率水平下降。会同省经信厅等九部门出台政策，在依法保留的保证金领域引入商业保险机制，运用保险风险保障和资金融通功能，切实帮助企业释放沉淀资金，有效减轻企业负担。截至2019年末，杭州地区有效释放各类保证金901.36亿元，为企业减负44亿元。持续加大信用贷款支持力度，进一步缓解民营、小微、科创等企业的融资成本。截至2019年末，企业信用贷款余额6922.55亿元，占企业贷款的24.06%，近三年占比已提高4.37个百分点。

(四)持续创新提升服务便利化

浙江银保监局牵头搭建“浙江省金融综合服务平台”，对接57个数源部门，初步梳理形成企业基础信息、经营信息、关联信息、负面信息、交易信息、环境信息等指标，开通网上查询和办理不动产抵押登记，办理时间从 5～8 天压缩到 24 小时以内。深化“最多跑一次”改革，依托网点代办、窗口入驻、系统联网等方式推动公积金、交通事故处理等一键式联办。

四、协同防控区域金融风险打好攻坚战

浙江银保监局建立健全中小法人机构风险防控机制，探索建立城商行和农商行流动性互助机制。做实资产分类，鼓励各银行逐步将逾期 60 天以上贷款计入不良。加大不良贷款处置力度，杭州市全年共处置不良贷款 423.80 亿元。妥善应对企业集团违约风险。重点排查债券集中到期企业、股票高比例质押上市公司大股东的风险，指导浙江省银行业协会配合杭州市政府协调处置民营企业风险。稳步化解担保圈风险，建立重点涉圈企业“清单制”识别体系，完善涉担保圈企业授信按季监测机制。在房地产调控领域，配合市委、市政府，出台政策、开展检查，规范信托业务、压降通道，促进房地产市场的平稳发展。持续推进 P2P 网络借贷风险专项整治。推动辖内网贷机构清退特别是良性退出，积极配合做好追赃挽损工作。截至 2019 年末，杭州存量网贷机构 29 家，较 2018 年末下降 80%，涉及未兑付金额 310 亿元、出借人数 42 万人，较 2018 年末分别下降 68%、79%。加大对重大违法违规行为、重大案件的整治打击力度。2019 年，浙江银保监局对在杭银行保险机构做出行政处罚 53 件，合计罚没金额 2723.66 万元。

2019年杭州市资本市场发展报告

浙江证监局

2019年，杭州市坚持以习近平新时代中国特色社会主义思想为指导，深入贯彻党的十九大和十九届二中、三中、四中全会精神，迎难而上，杭州资本市场在复杂的形势下保持稳定健康发展。

一、杭州资本市场发展概况

（一）企业上市挂牌节奏领先，后备资源充足

2019年，杭州新增境内上市公司14家（见表1），占全省新增总数的53.85%，位居全省第一；新三板挂牌企业减少79家。截至2019年底，杭州共有境内上市公司146家，其中主板上市公司64家、中小板上市公司34家、创业板上市公司43家、科创板上市公司5家；新三板挂牌企业245家；浙江股权交易中心挂牌企业2594家。截至2019年底，全市尚有拟境内上市企业75家，其中辅导期企业48家，已报会待审核企业24家，已过会待发行企业3家。杭州企业上市节奏在省内一枝独秀，在各个市场板块之间形成明显的梯队效应，为多层次资本市场发展打下较好基础。

（二）股权融资大幅增长，债权融资规模略有下降

2019年，杭州共有14家公司在境内A股市场完成首发，融资215.83亿元，是上年同期的25倍。其中，4家公司在主板上市，融资138.73亿元；5家公司在创业板上市，融资25.76亿元；5家公司在科创板上市，融资51.34亿元。13家上市公司实施再融资，募集资金152.43亿元，同比下降40.49%，主要原因系2018年度杭州银行发行优先股融资100亿元。其中，9家上市公司进行增发融

资，募集资金 81.31 亿元，同比下降 24.27%；3 家上市公司发行可转债，募集资金 51.12 亿元，同比增长 172.35%；4 家上市公司发行公司债 20 亿元。2019 年，杭州共有 34 家企业发行公司债券 47 支，发行规模 404.5 亿元，同比下降 26.92%。

表 1　2019 年杭州境内上市公司情况

序号	指标名称	单位	2018 年末数	2019 年新增数	2019 年末数
1	境内上市公司	家	132	14	146
2	其中：主板	家	60	4	64
3	中小板	家	34	0	34
4	创业板	家	38	5	43
5	科创板	家	0	5	5
6	募集资金	亿元	3119.95	368.26	3488.21
7	其中：首发募资	亿元	818.52	215.83	1034.35
8	其中：主板	亿元	354.76	138.73	493.49
9	创业板	亿元	196.96	25.76	222.72
10	科创板	亿元	—	51.34	51.34
11	再融资	亿元	2301.43	152.43	2453.86
12	已报会企业	家	14	—	24
13	辅导期企业	家	47	—	48

(三)证券经营机构健康发展，服务实体能力显著提升

截至 2019 年底，杭州共有证券公司 5 家，证券公司分公司 56 家，证券营业部 263 家，证券投资咨询机构 2 家；全市证券投资者开户数 719.24 万户；证券经营机构托管市值 1.59 万亿元，客户交易结算资金余额 436.62 亿元。2019 年，全市证券经营机构共实现代理交易额 17.34 万亿元，手续费收入 34.61 亿元，利润总额 8.71 亿元。杭州证券公司坚持深耕浙江，服务中小企业投融资，有力助推地方实体经济发展：积极对接浙江省“凤凰行动”计划，推荐优质企业进入资本市场，通过股权融资和债券融资服务，帮助企业融资累计超过 1000 亿元；为各类科创企业或项目提供股权投资，通过私募、另类投资子公司发起产业转型母基金聚集高新技术企业投资，或专注于科创企业股权投资，累计投资科创类企业项目达 100 余个，投资金额近 10 亿元；成立合计规模约 18 亿元的纾困基金，成功纾解部分上市公司股东股票质押风险；承销全国首单地市级纾困专项债，发行规模 5 亿元；发行全国首单交易所绿色公司债券和全国首批公积

金贷款资产证券化产品，创设浙商之江凤凰 ETF 基金并上市交易，拓展 ABS 业务并发行全国首单基础设施类 REITs 产品。

（四）期货公司创新发展，期现结合服务实体经济

截至 2019 年底，杭州共有期货公司 10 家，期货公司分公司 19 家，期货营业部 79 家（见表 2）；全市期货投资者开户数 29.34 万户，客户保证金余额456.33 亿元。2019 年，全市期货经营机构共实现代理交易额 35.20 万亿元，手续费收入 12.48 亿元，利润总额 17.49 亿元（见表 3）；期货公司共实现代理交易额 40.34 万亿元，营业收入 37.58 亿元，利润总额 16.58 亿元。南华期货 2019 年 8 月成为首家境内 IPO 上市期货公司。在 2019 年期货公司分类评价中，永安期货、南华期货、浙商期货获评 AA。同时，杭州 6 家风险管理子公司利用套期保值、场外衍生品等期现结合模式，持续提升服务实体企业的广度和深度，全年累计服务客户 18.77 万家次，实现营业收入 350.52 亿元，净利润 1.97 亿元，提供服务的交易品种涵盖化工、农产品、贵金属等 50 余个品种，在服务中小微企业、“三农”扶贫领域发挥了积极作用。如 2019 年度“保险＋期货”项目推行全县域覆盖模式，为整个县域的特定农产品提供风险管理服务，受惠农户农企更加广泛，全年共开展项目 73 次，服务“三农”客户 16.93 万家次，主要品种包括大豆、棉花、玉米、天然橡胶、白糖、鸡蛋、苹果等。

表 2　2019 年杭州证券期货经营机构情况

序号	指标名称	单位	2018 年末数	2019 年新增数	2019 年末数
1	证券公司	家	5	0	5
2	证券营业部	家	257	6	263
3	证券投资咨询机构	家	2	0	2
4	基金公司	家	1	0	1
5	已登记私募基金管理人	家	1571	－21	1550
6	已备案私募基金	支	4731	521	5252
7	已备案私募基金管理规模	亿元	5086	751	5837
8	证券从业人员	人	5176	657	5833
9	期货公司数	家	10	0	10
10	期货营业部数	家	85	－6	79
11	期货从业人员	人	3529	－122	3407

表 3　2019 年杭州证券期货交易情况

序号	指标名称	单位	2018 年末数	2019 年末数
1	证券经营机构代理交易金额	亿元	137816.92	173368.44
2	其中:A、B 股交易额	亿元	71067.76	105805.09
3	基金交易额	亿元	2197.18	2566.39
4	证券经营机构代理交易手续费收入	亿元	25.44	34.61
5	证券经营机构利润总额	亿元	3.77	8.71
6	证券经营机构托管市值	亿元	10915.72	15866.58
7	证券经营机构客户交易结算资金余额	亿元	319.73	436.62
8	证券投资者开户数	万户	648.71	719.24
9	期货经营机构代理交易金额	亿元	269330.12	352013.76
10	期货经营机构代理交易手续费收入	亿元	12.01	12.48
11	期货经营机构利润总额	亿元	13.53	17.49
12	期货经营机构客户保证金余额	亿元	344.24	456.33
13	期货投资者开户数	万户	26.69	29.34

(五)私募行业集聚发展

杭州民间资本充沛、市场化程度较高,股权投资行业募投活跃,这些成为促进资本形成、推动地方经济转型升级的重要支持力量。截至 2019 年底,杭州共有 1550 家私募基金管理人完成登记,发行产品 5252 支,管理资产规模 5837 亿元。杭州玉皇山南基金小镇、余杭梦想小镇等形成了推动金融要素集聚的空间支撑体系。

二、杭州资本市场当前存在的主要风险及下一步工作建议

(一)私募机构

私募行业的集聚发展,在促进资本与产业有效融合、解决企业融资难题、满足居民多元化财富管理需求等方面发挥了积极作用。但私募行业鱼龙混杂、规范程度良莠不齐,个别私募机构突破监管底线、侵害投资人利益、涉嫌违法违规

等问题时有显现，有的甚至涉嫌非法集资、开展资金池业务，存在较大涉众风险。从2018年下半年开始，随着经济下行及其他行业风险传导影响，杭州部分私募机构出现兑付困难、被接管控制和被公安机关立案侦查等现象。

建议进一步强化金融小镇管理机构对辖内私募机构的监督管理，把好落户源头关，推动合法合规运作；以金融风险"天罗地网"监测防控系统加强对私募机构风险的监测和预警；明确定期通报、重大事项会商、风险处置职责分工，增进监管协作，形成工作合力。

（二）债券市场

近年来，杭州公司债券市场快速发展，公司债券存续规模约占全省的30%，全国首单可续期公司债、首批PPP资产证券化产品等债券新品种在杭州先行先试。截至2019年末，杭州市有60家企业存续公司债券139支，存续规模1444.05亿元，约占全省公司债存续规模的28.53%。伴随债券兑付高峰到来，必须警惕流动性风险和信用风险。

建议不断完善市场化、法治化的违约处置机制；结合地方实际，积极帮扶企业降低杠杆率；加强日常沟通与信息通报，共同做好债券市场风险事件的防范和应对工作。

（三）上市公司

杭州上市公司发展情况总体良好。大市值公司多；新材料和新能源产业快速发展；研发力度增强，创新驱动产业升级。但也存在一定风险。一是股权质押风险。截至2019年末，杭州共有10家上市公司第一大股东质押比例达到80%以上。二是上市公司关联方资金占用及违规担保风险。2019年，因实际控制人与其关联方占用上市公司及其子公司大额资金等，杭州一家上市公司及相关责任人被中国证监会行政处罚；另一家上市公司控股股东通过上市公司募集资金、自有资金存单质押的方式，以上市公司及其全资子公司名义为其违规担保，被浙江证监局采取出具警示函的行政监管措施。

建议建立定期协商合作机制，加强信息通报，共同做好上市公司风险防范和处置工作；加强监管协作，促进上市公司质量提升和规范运作；加强上市企业梯队培育，推动更多企业对接资本市场。

2019年杭州市农信系统发展报告

浙江省农信联社杭州办事处

2019年，在杭州市委、市政府和浙江省农信联社的正确领导下，杭州农信认真贯彻落实市十三届人大四次会议精神，围绕市委、市政府中心工作，全力以赴抓好乡村振兴战略金融服务工程、支持民营和小微企业发展、助力“最多跑一次”改革等大事要事，积极践行“拥江发展”战略，实现了规模、效益和风控的良好成效。

一、业务运行总体情况

各项业务实现稳健、较快增长，风险控制有效，经济效益良好。至2019年末，各项存款余额5098.30亿元，比年初增加684.73亿元，增幅15.51%。各项贷款余额3764.46亿元，比年初增加594.19亿元，增幅18.74%。五级不良率为0.93%，比年初下降0.25个百分点，实现额率双降。实现账面利润71.93亿元，同比增长11.87%。上缴税收38.94亿元，同比多缴11.59亿元，增幅42.37%。

二、重点业务工作

（一）以学研查改做实“三服务”

作为第一批主题教育单位，认真做好“不忘初心、牢记使命”主题教育活动，确保活动与中心业务工作相融合，真正做出实效。持续推进走千访万、走村入户、全员营销、整村授信以及普惠签约等工作，建立健全客户信息档案，坚持问题导向，挖掘金融需求。对走访中企业反映强烈的金融服务问题和建议，从流程再造、完善机制、创新产品等多个方面改进和加强金融服务。至 2019 年末，普惠签约率为 36.53%，较年初提升 7.03 个百分点。扎实推进民营企业“融资畅通”工程，围绕破解融资难、担保难问题，简化企业信贷审批流程，推广小微企业信用贷款和自助担保贷款。围绕破解融资贵、续贷难问题，在防控风险前提下，推出“民企循环贷”等产品，逐步推广“宽融贷”“续贷通”等年审制贷款模式，同时有效运用转贷资金提供贷款到期周转服务，有效降低转贷成本。如余杭农商行为 2167 户中小微企业及个体经营者办理转贷业务，转贷金额达 118.71 亿元，为客户节约转贷融资成本 3500 余万元。

（二）以党建共建推进普惠金融

积极与各镇（街道）、村（社区）等建立党建联盟，共同利用组织共建优势，推进服务乡村振兴和民营经济发展等工作。杭州办事处与杭州市农业农村局签订金融支持乡村振兴战略合作协议。辖内各行以党建共建为切入点，创新金融服务模式，如萧山农商行创新合作的模式，与河上镇众联村共同推出“五和卡”，将全国知名的“五和众联”村民积分与该行贷款准入和利率优惠挂钩；桐庐农商行与旧县街道共建“鸡毛换糖”丰收驿站，融入党建联盟积分评价元素，带动党建联盟创业小组建设。持续助力消薄增收，如富阳农商行通过“富阳区乡村振兴专项资金”下设的 5000 万元“乡村振兴转贷专户”，加强与区农业农村局合作，全面启动“T＋0”无缝让利转贷计划，创新开发无本转贷、续贷产品，提供免费转贷服务。

（三）以普惠引领大零售转型

一是围绕乡村振兴战略和普惠金融工程，及时推出“美丽乡村贷”“新农贷”“种粮补贴贷”等“乡村振兴”项目贷款，针对客户细分，推出“先锋贷”“巾帼贷”“工薪贷”等个贷产品，满足不同客群的金融需求。至 2019 年末，全市农信个人贷款户数 78.57 万户，比年初增加 8.87 万户，个人贷款余额 1787.08 亿元，比年初增长 329.91 亿元，个人贷款余额占各项贷款的 47.47%，比年初提升 1.51 个百分点，信贷结构得到进一步优化。二是从“最多跑一次”向“就近办”转型。

发挥农信点多面广优势，推进“政银通”便民便企服务工程，实现和人力社保局、市场监管局、国土分局、公积金中心等政府各部门的多项业务合作。积极开展社保两费税务征收、乡镇财政国库集中支付、种粮直补和水电费、数字电视费等民生金融代理业务，让城乡居民足不出村就能获得金融服务。

（四）以科技引领数字化转型

立足需求，探索创新，重点围绕客户、服务、营销和管理四大领域，推动个性化项目自主研发应用。依托“信用中国”“信用浙江”等信息共享平台，推进政银企合作，在法律许可范围内整合人行、工商、税务、用水用电、环保、质监、海关、法院等公共政务信息，完善信用信息数据库。如余杭农商行持续完善“浙里贷·市民信用贷”产品体系，在以公积金、社保数据作为授信依据的基础上，将 18～22 周岁的本地青年纳入授信范围，进一步扩大受益人群。全辖不断创新“智慧市场”“智慧医疗”等“智慧”系列行业应用，做强“智慧”系列品牌，以社区为中心打造便捷的社区金融生活商圈。至 2019 年末，杭州农信新增 ETC 72.11 万辆，占全市新增发行量的 44.93％；发行总量突破 105.88 万辆，占全市总发行量的 40.40％；新增发行量、发行总量均位居全省农信第一。全市农信电子银行替代率 91.94％，比年初提升 3.35 个百分点。

（五）以强化监督做好合规文章

一是抓好风险管理。增强信用风险管控，制定年度风险偏好政策，推行负面清单，开展担保链、担保圈等专项排查，及时发现风险隐患；加强大额贷款管控，一旦发现风险隐患提前退出、压缩；推进不良贷款分层清收，重点对已核销贷款加强定期跟踪，确保“账销案存”。增强流动风险管控，主动应对“包商银行”事件后的中小银行流动性分层现象，加强流动性数据监测。加强金融机构授用信审慎管理，稳妥开展市场业务。增强操作风险管控，开展警示教育等活动，筑牢员工思想道德防线。二是抓好内部管理。加强资产负债主动管理，落实全面财务预算管理和会计基础等级管理，推进管理会计工程。加强反洗钱管理，开展反洗钱客户身份识别专项治理活动。强化审计监督，做好重大政策落实情况跟踪审计，促进被审单位进一步把握好经营方向和理念；做好行社治理及运行机制专项审计，促进被审单位不断完善治理体系，提高治理能力；做好领导干部经济责任审计等工作，强化权力监督制约。实施主审培养计划，组建智慧审计小组，加强审计队伍建设，提升审计履职水平。

三、业务发展展望

2020年，杭州农信的总体思路是：在杭州市委、市政府和浙江省农信联社的坚强领导下，全面贯彻党的十九大和十九届二中、三中、四中全会精神，中央、省委经济工作会议等会议精神，大力开展“狠抓落实年”活动，保持定力坚守定位，顺势而为，乘势而上，持续推进大零售转型和数字化转型，深化以人为核心的全方位普惠金融，强基础、谋长远，促进各项业务持续健康发展，助力我市稳企业稳经济稳发展，为推动高水平全面建成小康社会和“十三五”规划圆满收官做出农信贡献。

（一）坚守共同价值观，做更有情怀的银行

一是持续推进党建共建。深入推进金融服务乡村振兴工作，保障涉农领域信贷投放，主动对接符合行业发展特点、产业政策方向、成长性高的农村产业，推动乡村产业兴旺。大力支持春耕备耕。助力农村集体“三资”管理，激活农村集体经济效益。继续深化“消薄除弱”工作，落实产业扶贫、就业扶贫，加大对集体经济薄弱村和低收入农户的信贷支持，增强自我“造血”“供血”能力，合力打造党建共建助推乡村振兴“升级版”。二是全面融入社区治理。积极融入数字政府建设，助力“最多跑一次”改革，强化与政府部门的场景、服务和数据融合，实现政务公共服务的一站代办和一网通办。深化与社保、教育、卫生、交通等部门的合作，推进“社银联通”工程，全面推进智慧医疗线上服务功能，围绕“未来社区”建设和老旧小区改造，全面建设生态型社区银行。三是助力复工复产攻坚战。按照“两手都要硬、两战都要赢”的要求，全面落实浙江银保监局、省农信联社关于全力支持企业复工复产的工作要求，加大信贷支持实体经济力度，切实提高信贷投放能力和水平。重点加大对民营企业、普惠型小微企业、制造业等领域的投放力度。积极推广应用省金融综合服务平台的融资供需对接功能，

增进线上融资对接效率。落实人行支农、支小、防控疫情专项再贷款政策，为支持民营和小微企业融资扩大资金来源。四是扎实服务实体经济。继续落实常态化的民营企业金融服务对接机制，落实好企业融资“三张清单”工作，走访了解企业生产经营状况和资金需求情况，制订差异化金融支持方案。优化办贷流程，开辟绿色通道，优先准入、简化流程，实现对小微企业的精准滴灌。

（二）坚定两大转型方向，做更有智慧的银行

把握数字化转型的重点。加强线上渠道建设，大力推广“浙里贷”系列线上贷款产品。依托丰收互联的巨大客户群体，不断完善“浙里贷”产品系列，通过科技和大数据推动，及时、准确、高效地解决线上申请客户的资金需求。大力推广“五朵云”场景建设，持续深化民生领域项目合作，聚焦解决老百姓最烦最难的服务痛点。

（三）坚持可持续发展，做更加稳健的银行

坚定做小做散，开展金融助力乡村振兴大走访专项活动，持续巩固农村“村村普惠”成果，加大涉农贷款覆盖面考核力度，形成有效评价机制，突出金融普惠，逐步打造“村村普惠”示范样板。继续推进“合规文化年”活动，加强合规文化建设，不断提高全员业务水平和合规意识。严防信用风险，提升关键领域风控强度，把好贷款准入关，不断调整和优化信贷投向结构，严控政府平台、房地产、两高一剩等行业贷款，倡导绿色贷款。加强大额贷款风险管控，加大不良贷款清收力度，化解存量风险。加强流动性风险和市场风险管理，做好限额监测、预警，合理安排业务结构、融资缺口。深化反洗钱合规管理。开展行社治理及运行机制专项审计、大额贷款审计调查等审计项目，帮助和促进被审单位把握重点，促进合规经营。加强案件风险防控，认真做好案件风险排查和乱象治理等各项工作，保持员工行为管理高压态势。

2019年杭州市小贷行业发展报告

杭州市金融办

一、本辖区小贷公司发展情况

(一)基本情况

2019年,我市新增1家小贷公司,为浙江人才小贷公司。至2019年末,全市小贷公司共55家,其中注册地在上城2家、下城5家、西湖3家、江干5家、拱墅3家、高新4家、萧山8家、余杭7家、桐庐3家、淳安2家、建德3家、富阳6家、临安4家,注册资本总额为98.22亿元,较上年末下降了6.74%(由于下城美达、金昇、浙江祐邦、阿里巴巴4家小贷公司暂停开展业务,文中数据均不含这4家小贷公司)。2019年,我市萧山永诚、萧山金诚、富阳永通、富阳浙丰、临安韦丰、淳安沪千诚鑫6家小贷公司进行了减资,减资额总计5.9亿元。除上城文广、西湖浙农、浙江林业、浙江文创、浙江兴合、浙江农发小贷公司为国有主发起外,其余均为民营资本主发起设立。

(二)经营与管理情况

2019年,我市小贷公司经营情况下滑,各项数据除对外融资略有上升外,其余均下降明显。主要表现如下。

1.贷款规模下降

至2019年12月底,全市小贷公司贷款余额为119.31亿元、1.42万笔,其中发放小额贷款余额为46.40亿元、1.14万笔,占比分别为38.89%、80.03%。从近几年情况看,我市小贷公司从2016年至2018年末贷款余额基本保持平稳,然而2019年未能保持该势头,出现较大幅度下降,较上年下降了14.48%,直接原因在于2019年减资家数较多,减资金额上升,如图1所示。

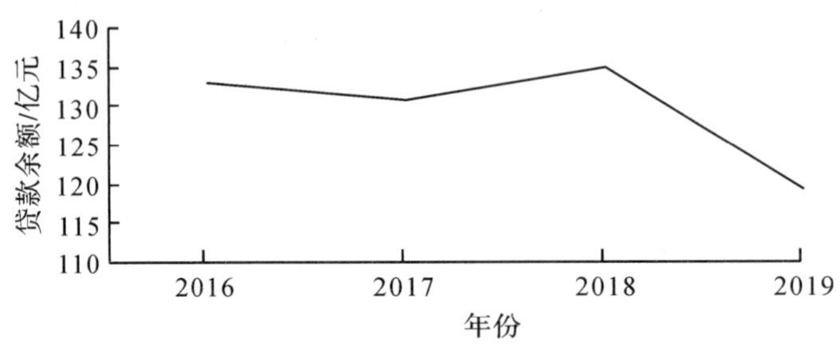

图1 我市近4年小贷公司年末贷款余额情况

2019年,全市小贷公司累计发放贷款238.12亿元、3.41万笔,其中累计发放小额贷款74.88亿元、3.04万笔,占比分别为31.45%、89.26%。

2.对外融资略有上升

至2019年末,全市有6家小贷公司向银行进行融资,融资余额为5.47亿元,占净资产总额的4.78%,较上年底上升了0.8%;还有7家小贷公司向大股东拆借4.32亿元。对外融资额共计9.79亿元,占比8.56%。

3.资金回报率略有下降

2019年,全市小贷公司平均年化利率主要在13.82%~14.84%波动(见图2),年末平均年化利率为13.82%,较上年下降了0.31个百分点。2019年,全市小贷公司全年实现业务总收入10.95亿元,净利润2.45亿元,全年净资产收益率为2.14%,比上年下降了1.82%,有11家为亏损,亏损家数较上年增加3家。

4.贷款逾期率微升

2019年底,我市小贷公司逾期贷款余额为22.86亿元,逾期率为19.16%,个别辖区小贷公司平均逾期率已经超过30%,拨备覆盖率为73.48%;2019年逾期率总体高于上年,如图3所示。2019年,全市小贷公司累计核销不良贷款1.92亿元,比上年下降了63.16%。

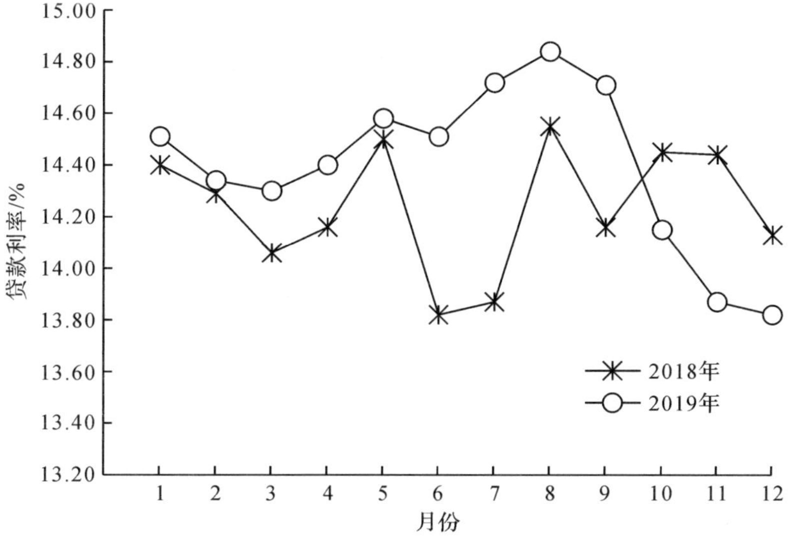

图2　全市近两年小贷公司贷款利率情况

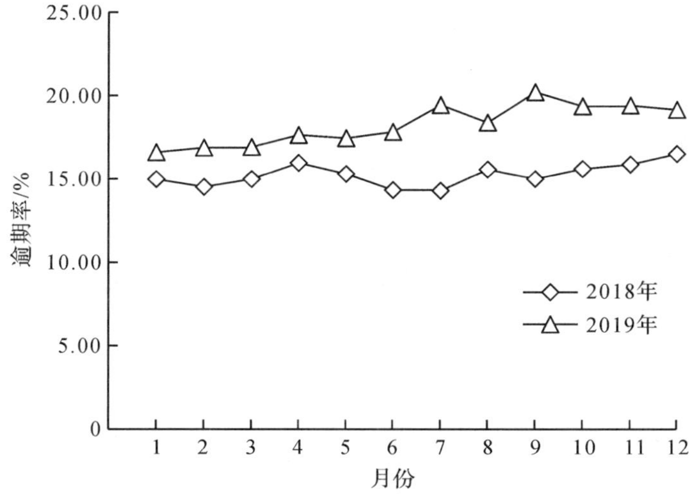

图3　全市近两年小贷公司逾期率情况

(三)风险情况

1.市场风险

随着全球经济增长放缓,受中美贸易战、网贷机构出险等国内外经济环境多重不稳定因素的影响,小贷公司放贷风险高、经营压力大,全年逾期率保持高位，存在税负较重、司法环境不佳等不利外部环境，资产质量欠佳，逾期率高，诉讼案件数也居高不下。如上城文广、富阳海通、临安康通等小贷公司逾期率为100%。富阳区小贷公司年末逾期贷款5.07亿元，占贷款余额的35.5%，全年涉及司法诉讼案件802件，诉讼金额为7.62亿元。

2. 股东风险

小贷公司股东股权不稳定，影响了小贷公司的平稳健康发展。2019年，全市小贷公司全年共发生股东股权转让16起，转让金额总计3.87亿元。此外，还存在个别小贷公司股权质押较多、公司高管为贷款客户提供担保的问题，给小贷公司运行带来风险隐患。

3. 合规风险

2019年，我市个别小贷公司存在运营情况不规范、内部制度不健全、执行不到位等问题。一是内控制度不够健全，个别小贷公司总经理缺位或涉诉，客户资料及贷前、贷中、贷后审批材料不够齐全，还有的小贷公司近一年未按照公司内部管理制度召开股东会、董事会、监事会或未作会议书面记录。二是部分小贷公司存在发放股东贷款或股东关联贷款的情况。三是个别小贷公司发放的部分贷款金额超过净资产的5%，超过最高限额。四是存在发放拆分贷款的嫌疑，存在向客户及客户关联方同时发放贷款、借款人还款人不一致、客户互保等情况，后期贷款资金有流入同一客户的迹象，部分形成的关联贷款余额超过可贷款最高限额。五是未经审批开展创新业务，个别小贷公司未经审批参股P2P公司，未经审批开展权益类投资，通过向个人发放贷款、违规将资金归集到可控制的股票账户进行股票交易等。六是个别小贷公司向股东关联企业进行融资。七是风险控制能力较差，个别小贷公司向不符合要求的客户发放贷款，如失信人员、涉诉企业等。八是资产分类不够准确，个别小贷公司仍将部分已出险企业贷款（如破产企业）列为正常贷款，资产分类不准确。

二、监管与扶持情况

市、县（市、区）金融办按照省地方金融监管局统一部署，开展小贷公司监管工作，同时积极扶持小贷公司发展。

(一)完善了监管督查体系

市、县(市、区)金融办均已明确监管人员,建立 AB 岗监管制度;并联合财政、市场监管、人行、银监、公安等部门建立小贷公司联席会议,各司其职开展小贷公司业务指导和管理,非现场监管与现场检查相结合,形成了监管合力。根据小贷公司实际情况和历年监管评级结果实施分类监管,对于经营稳健、符合支农支小政策导向的鼓励创新,在经营地域、业务范围、融资渠道上给予更多发展的空间及政策支持;对高风险小贷公司,实施严格监管,限制业务范围、经营地域;对于非正常经营小贷公司,报请省局取消其试点资格。2019 年,我办已向省局申请取消下城金昇小贷公司试点资格。

(二)督促小贷公司合规经营

市、县(市、区)金融办通过日常监管,督促小贷公司及时对发现的问题进行整改,以规范经营。一是部署、组织开展了全市监管评级,将监管评级中发现的问题及时反馈给小贷公司,要求其限期整改。二是会同市财政局开展主城区小贷公司省风险补偿金认定工作,对个别不合规且整改不到位的小贷公司不纳入补偿范围内。三是对个别出现较大风险的小贷公司及时采取措施,积极化解风险。如下城区金融办召开联席会议,通报经营风险,并多次约谈辖区广信小贷公司相关负责人,对审计出问题的文创小贷、农发小贷公司及时下发告知书、整改通知书,有效地做好了金融风险防控;临安区金融办定期走访、监测相关的小贷公司,及时约谈公司高管,提示风险,责令整改等。

(三)委托中介机构审计调查

鉴于我市金融办系统人手少、力量较为薄弱的现状,为保证中介机构出具的审计结果更具公正客观性,市、县(市、区)金融办委托中介机构对小贷公司开展审计调查。一是市金融办委托会计师事务所对下城广信、滨江兴耀普汇、桐庐龙生、临安中达、建德白沙 5 家小贷公司进行了专项审计工作,并要求属地金融办做好审计结果运用。二是市金融办发文要求各县(市、区)金融办委托中介机构对辖区经营正常且未经政府审计的小贷公司均进行专项审计。各县(市、区）根据要求完成了对 35 家小贷公司的专项审计，后就审计发现的问题向小贷公司及其控股股东发送了《风险预警提示书》，要求限期整改。

（四）加快变更事项审批流程

市、县（市、区）金融办按照“最多跑一次”要求，进一步梳理对外公布事项，对小贷公司申报材料加快审批流程，实现了审批事项在线办理。2019 年，我市审批股权变更事项 16 起，高管变更事项 7 起，注册资本变更 6 起。

（五）出台兑现扶持发展政策

我市部分县（市、区）政府出台了针对小贷公司的一系列优惠扶持政策，如高新区政府出台了《关于进一步支持科技型企业融资的实施意见》，规定小贷公司成立第 4 年至第 6 年，对区内科技型企业贷款占年度日均贷款余额 30%以上的给予风险补偿；富阳区对小贷公司所得税地方留成部分全额奖励政策顺延 3 年，6 年执行期满后，按日平均贷款余额的 0.5%予以贷款风险补偿，执行期 5 年。

三、存在困难

我市小贷公司 2019 年业务运营呈下降趋势，在发展过程中存在诸多困难。

（一）股东信心不足

小贷公司近年经营压力大、资金回报率低，股东对小贷公司的发展信心不足，目前普遍考虑分红、减资，以减小规模，维持平稳运行。2019 年，无小贷公司进行增资，个别小贷公司业务停滞，重点放在专项处置逾期贷款上。

（二）税负压力大

按政策规定，小贷公司属一般工商企业，税负约占营业收入的 30%，远高于农村信用合作社；分红时自然人股东还需缴纳 20%的个人所得税。营改增以来，税种由营业税的 5%提高到增值税的 6%，由于应收利息均要确认为收入，而银行贷款利息及咨询费的进项不能抵扣，小贷公司的税负不减反增。

（三）资产处置难

小贷公司在诉讼中普遍面临“执行难”的问题，司法环境不佳，导致风险资产处置难度大，债权人权益较难得到及时有效的保障与兑现，其他救济手段也严重缺乏，导致贷款逾期率上升、不良贷款余额增多等现象，也直接影响了部分小贷公司的正常运行。

（四）征信查询手续烦琐

目前全市仅部分小贷公司接入央行征信系统，无法直接获得借款人的征信信息，不利于全面审查借款人的信用情况及提升业务受理效率。对部分未接入征信系统的小贷公司，查询其企业征信较烦琐，需客户自行前往中国人民银行查询后提供征信报告。

四、政策建议

为做好小贷公司监管工作，促进小贷行业健康持续发展，提出以下建议。

（一）建议组织开展监管员培训

建议定期举行统一的小贷公司监管员专项培训，提升基层金融办的业务水平，加强业务交流，使各级监管员及时掌握相关的政策法规，了解行业发展新情况及监管新思路，采用走出去、引进来的方式，开展一些交流活动，拓展知识面，提高监管水平。

（二）建议实施多样奖惩措施

对于发现的小贷公司违规经营情况，金融办只能通过监管评级扣分、上门告诫、约谈等方式督促其限期整改，手段和措施较为单薄，建议增加惩处措施，以利于开展监管工作，有效防范金融风险。强化政策引领，研究出台各类扶持政策，从税收优惠、融资便利等方面加大政策支持力度，促进小贷公司降低利率水平，提升市场竞争力。

(三)建议予以退出指导

根据小贷公司风险防控检查情况,对小贷公司实施分类处置措施,对符合相关情形的小贷公司提出兼并重组、主动退出方案。然而,小贷公司资本金主要来源于民营资本,在公司股东未达成统一意见时,市、区金融办难以采取有效措施促成其退出。建议省局能出台相应的退出实施细则,并缩短退出的审批时效,予以更多的政策支持和指导。

(四)建议完善发展环境

小贷公司在发展中,一直面临税负较重、创新原动力不足、不良资产处置难、诚信系统不健全、金融风险防范压力大等问题。建议省局能积极向上呼吁,为小贷公司松绑,为行业争取更多政策,建立健全信用诚信系统,修订完善相关的法规,强化服务理念,促进小贷公司可持续发展。

2019年杭州市股权投资发展报告

杭州市金融办

一、2019年杭州股权投资政策环境简析

《2019年中国城市投资环境报告》综合评价结果显示，杭州的投资环境在全国17个主要城市中排名第三，仅次于北京、上海，位居副省级城市和省会城市第一名，同时在长三角地区排名第二。

杭州蓬勃发展的投资环境得益于政策法规的积极引导。2019年杭州政府贯彻落实相关的国务院政策，制定颁发了相关文件，通过政策性引导和市场化助力联动、国内引导和跨境引导联动，使财政资金发挥的作用最大化。2019年5月23日，杭州发改委、杭州财政局制定的《杭州市创业投资引导基金管理办法》(杭政办函〔2019〕47号)(以下简称《管理办法》)发布，规定了杭州创业投资引导基金的支持对象、管理职责、受托管理机构体制、参股原则和基金风险控制、监管、激励机制等内容；与2010年发布的旧管理办法《杭州市人民政府办公厅转发市财政局等六部门关于杭州创业投资引导基金管理办法的通知》(杭政办函〔2010〕313号)相比，《管理办法》对资金规模、政府引导、市场作用、风险控制等内容进行了调整优化。基金规模从10亿元增加到30亿元，同时扩大和提高了支持对象的范围及标准，对受托管理机构进行了市场化选择，提高了政府让利力度，并且进一步强化了引导基金受托管理机构的责任和义务。

在资本寒冬的市场环境下，2019年全国的PE/VC投资机构都面临募资难的困境。杭州政府积极采取措施，除对已设基金的政策进行调整外，还积极设立产业投资基金。2019年设立创业引导基金和大江东产业基金等，释放出积极的信号，促进了2019年杭州投资环境的改善。

二、杭州股权投资业发展特点

(一)产业政策积极引导,打造“双创”生态体系

为支持重点产业发展,促进“双创”生态体系建设,杭州近两年出台指导性意见和一系列的优惠奖励产业政策,从企业入驻、投资税收、政府资金奖励、办公用房以及高管奖励等诸多方面均给予丰厚的优惠措施。

自 2018 年以来杭州先后发布《杭州市人民政府办公厅关于促进杭州市生物医药产业创新发展的实施意见》(杭政办函〔2018〕66 号)、《杭州市人民政府办公厅关于印发进一步鼓励集成电路产业加快发展专项政策的通知》(杭政办函〔2018〕94 号)、《杭州市人民政府办公厅关于加快军民融合产业发展的实施意见》(杭政办函〔2018〕146 号)、《中共杭州市委　杭州市人民政府关于实施创新驱动战略　加快新旧动能转换　推动制造业高质量发展的若干意见》、《杭州市人民政府关于印发杭州市加快 5G 产业发展若干政策的通知》(杭政函〔2019〕52 号)、《杭州市人民政府关于印发杭州市建设国家新一代人工智能创新发展试验区若干政策的通知》(杭政函〔2019〕114 号)等具体的产业扶持政策,对医药产业、数字经济产业、新制造业、新基建、人工智能等重点领域给予全面精准的政策扶持。

2019 年,杭州聚焦数字产业化,持续提升创新能力和产业能级。以国家自主创新示范区建设为龙头,大力支持之江实验室、西湖大学、阿里达摩院等创新平台发展,另出台相应政策推动重点科研载体加强 5G 领域的布局。数字科技创新力度加大,特色小镇、众创空间、孵化器等创业创新特色平台建设,人工智能、大数据等前沿技术深度研发在杭州蓬勃兴起。同时,杭州聚焦产业数字化,推动数字技术与全产业各领域的深度融合,全力助力产业数字化转型。数字技术助力传统制造业改造提升行动计划,从“机器换人”到“工厂物联网”再到“企业上云”“ET 工业大脑”驱动的智能制造升级之路基本形成。

数字经济还助推金融科技数字化转型。在数字经济蓬勃发展的背景下,金融科技的发展水到渠成。从早期的支付宝、阿里网络小贷、余额宝,到现在以蚂

蚁金服为代表的一批金融科技领先企业，杭州一直是中国金融科技领先城市。2019 年 5 月 13 日，浙江省发改委公布关于印发《杭州国际金融科技中心建设专项规划》的通知（浙发改规划〔2019〕258 号），规划明确杭州国际金融科技中心建设的目标定位、主要任务、空间布局及政策支持，为杭州未来的金融产业发展指明战略性方向。除数字金融外，杭州还在交通、医疗、旅游、应急防汛、电梯、安防等 10 多个应用场景积极推进政府数字化转型，建设大数据资源中心，打造多元参与的数字城市化模式。

多项产业政策的出台将培育出更多充满活力的创新创业主体，优化创新创业环境，推动政策、技术、资本等各类要素向创新创业领域集聚。在杭州政府和市场的双向助力下，创新创业资源共享平台将建设得更完善，杭州“双创”生态将更有活力。

（二）创投生态活力涌现，助力多元行业发展

2019 年 9 月 6 日，《杭州市人民政府关于推动创新创业高质量发展打造全国“双创”示范城的实施意见》（杭政〔2019〕55 号）（下文简称《意见》）公布，对推动杭州市创新创业高质量发展提出了总体要求，《意见》指出要切实提高创新创业的组织化水平，集聚全国乃至全球创客来杭筑梦、追梦、圆梦，全力打造全国“双创”示范城。

在大众创业万众创新的驱动引领下，杭州创业投资驶入发展快车道。创投产业的快速发展，拓宽了企业的融资渠道，促进了经济结构的完善，推动了产业的转型升级，有效地拉动了民间资本助力实体经济发展，激发了创业创新，助力行业发展。私募通数据显示，2019 年杭州创业投资（VC）机构发生投资案例 255 笔（即杭州地区机构投资全国各地区企业），排名全国第四，披露投资金额 59.30 亿元人民币。2019 年杭州企业创业投资（VC）投资案例发生在 18 个行业中，其中，IT、互联网、半导体及电子设备的投资数量及投资金额占比最大，其他传统行业如机械制造、建筑/工程、教育与培训、汽车、物流、纺织与服装等也均有较好发展。总体来看，杭州创业投资机构在关注 TMT① 行业的同时也

① TMT 即电信、媒体和科技（Telecommunication，Media，Technology），是未来电信、媒体/科技（互联网）、信息技术的融合趋势所产生的。

关注其他行业的创新发展，为其他传统行业注入活力。同时，杭州大力推动“数字经济”“新制造业”双引擎发展，在股权投资的助力下，两大行业获得了更多的投资机会。

（三）科创板拓宽退出渠道，杭州企业迎“上市潮”

科创板在 2019 年落地拓宽了投资机构资本退出渠道，借此东风，杭州深入实施“凤凰行动”计划，助力多家企业完成上市。截至 2019 年末，杭州全年新增 IPO 企业 24 家（含二次上市），数量位居全国第三；其中境内上市 14 家，境外上市 10 家，杭可科技、虹软科技、安恒信息、鸿泉物联、当虹科技等 5 家企业成功登陆科创板。除此之外，另有 1 家企业科创板提交注册，2 家企业获科创板受理。2019 年全国科创板上市企业共计 70 家，其中杭州5 家，占比 7%，全国企业科创板募资超 800 亿元，其中杭州约 32 亿元，占比 4%。科创板落地后运行稳健，为创新资本的形成提供了动力，拓宽了创新企业的退出渠道，如图 1 所示。

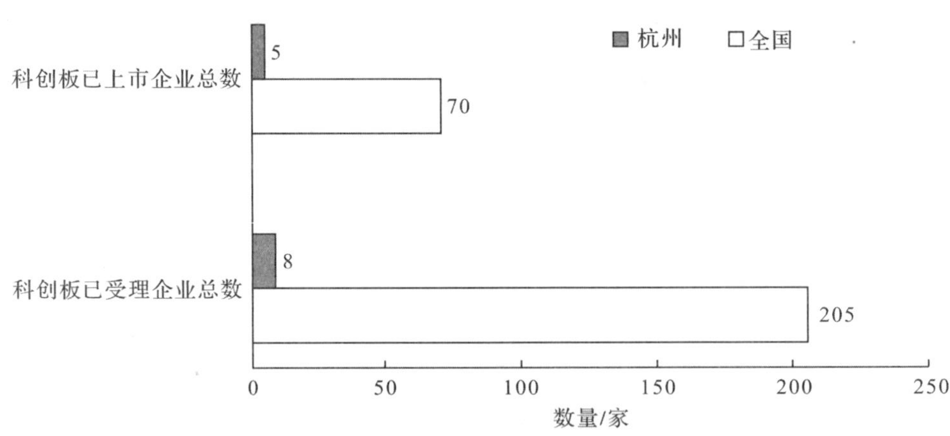

图 1　2019 年杭州地区企业科创板上市情况

资料来源：杭州市人民政府金融工作办公室（2019 年 12 月 31 日）。

（四）行业聚焦：数字经济与新制造业“双引擎”

2019 年 7 月底，杭州根据城市整体产业发展空间规划情况及针对数字经济、生物医药、高端装备制造等重点产业链，编制《杭州市重点产业（链）投资布局导引》，引导重点产业平台布局，做深重点产业链规划，因地制宜深化招商路径。

1.数字经济开渠引流

2019年，杭州积极抢抓数字经济发展的时间窗口，全面实施“三化融合”行动，即推进数字产业化、产业数字化和城市数字化；致力于打造具有全球影响力的“互联网＋创业创新中心”，加快建设“全国数字经济第一城”。据杭州政府网站披露，2019年杭州数字经济核心产业实现增加值3795亿元，同比增长15.1％，高于GDP增速8.3个百分点。电子商务产业增加值增长14.6％，物联网产业增加值增长13.6％，数字内容产业增加值增长16.3％，软件与信息服务产业增加值增长15.7％。数字经济在多个行业广泛渗透，带动了电子商务产业、物联网产业、软件与信息服务产业等行业发展，与此同时城市服务、社会治理等也将依托数字经济的发展迎来变革和升级，助力杭州“城市大脑”建设。

加快打造“数字经济”建设，各行业开渠引流，加快推进产业提升，杭州数字经济产业企业融资也获得大量增长。2019年杭州数字经济产业企业获投资479起，其中披露金额的365起，募资金额达243.15亿元人民币。

2020年初，新冠肺炎疫情对全国经济造成巨大冲击。在这场疫情大考中，从第三方电商平台到线上业务，从“云办公”到“云课堂”，从智能制造到5G新基建，从助企业线上复工到赋能现代化治理……数字化技术的加速应用成为抗疫“利器”，也在成为新的经济增长点。从疫情期间杭州财政收入来看，2020年1—2月杭州财政总收入876.6亿元，增长1.8％，与全国其他地区相比，杭州的财政收入不降反增，主要得益于杭州“科技为先”发展理念的超前布局及高水平的数字经济产业发展，这从侧面展示了杭州数字经济建设的成果。

2.工业互联网赋能新制造业

2019年杭州全面实施“新制造业计划”，全年全市规上工业增加值3531亿元，增长5.1％。高新技术产业、战略性新兴产业、装备制造业分别增长8.5％、13.1％和7.8％，占比达61.7％、37.6％和46.5％，比上年提高4.5、4.3和1.5个百分点。重点行业中，计算机通信和其他电子设备制造业增加值增长15.2％，医药制造业增长13.0％。

杭州一直是工信部认定的打造工业互联网产业的重要城市。2019年8月14日中国(杭州)工业互联网大会在杭州余杭区召开，中国(杭州)工业互联网小镇正式亮相，小镇与阿里携手打造的阿里云 supET 工业互联网创新中心也正式揭牌。截至 2020 年 4 月，中国（杭州）工业互联网小镇已聚集工业互联网企业 37 家，聚集相关领域人才近 400 名。随着工业互联网服务商聚集区的形成和 5G 的快速落地，杭州进一步提高推动传统产业转型升级的驱动力，获得数字经济与新制造业“双引擎”助力经济高速发展。

2019 年 9 月 20 日，杭州市政府发布《关于实施“新制造业计划”推进高质量发展的若干意见》，以实现整体经济发展中数字经济和制造业“双引擎”驱动。“新制造业计划”的主要目标，是到 2025 年杭州制造业要形成 1 个万亿级产业集群、5 个千亿级主导产业集群、10 个百亿级产业集群、国家级高新技术企业数量和工业投资、工业技改总量、新引进项目投资额“六个倍增”，使杭州制造业整体达到全国先进水平。

要完成“新制造业计划”的主要目标，需要加快培育、引进战略性新兴产业，改造提升传统产业，淘汰落后产能。杭州全力打造全国数字经济第一城，推进产业数字化，就是要让传统产业插上互联网和信息技术的新翅膀，使传统产业实现“互联网＋”，以推进杭州新时代制造业高质量发展。

3.2019 年杭州股权投资市场发展概况

私募通数据显示，截至 2019 年 12 月 31 日，共有 1535 家注册于杭州的私募基金管理人在基金业协会登记备案，与上年相比减少 1.67%，其中早期机构 14 家，在全国（本段下同）占比 0.91%，创业投资（VC）机构 131 家，占比 8.53%，私募股权投资（PE）机构 1390 家，占比 90.56%。登记备案的私募基金管理人中披露管理资本量的机构有 199 家，披露的管理资本量为 2062.28 亿元人民币，与上年相比增加 2.09%。

募资方面，2019 年杭州股权投资市场共新募集基金 152 支，其中披露金额的有 152 支，披露的募集资金为 269.40 亿元人民币；与上年相比，募集基金数目下降 10.06%，披露募资金额下降 45.34%。

投资方面，2019 年杭州股权投资市场共发生投资案例 613 笔，其中披露金额的投资案例为 470 笔，涉及投资金额 500.62 亿元人民币。据统计，数字经济企业占据较大市场——我市股权投资机构投资数字经济类企业共 466 笔，其中，披露金额的 349 笔，涉及投资金额 357.77 亿元。

退出方面,2019 年杭州股权投资市场发生退出案例达 242 笔,与上年相比增长 58.17%。其中被投企业 IPO 数量为 159 笔,与上年相比增加 84.88%;并购数量和股权转让数量均为 35 笔。

企业获融资方面,2019 年杭州企业获得融资的案例为 615 起,与 2018 年相比降低 20.23%;其中披露金额的有 484 起,涉及融资金额 330.69 亿元人民币,与上年相比降低 78.72%(降幅较大的主要原因是:2018 年,浙江蚂蚁小微金融服务集团有限公司获总计 963.71 亿元融资)。按数字经济和新制造业企业行业分布情况看,2019 年,我市数字经济类企业获得融资的案例为 479 起,其中披露金额的为 365 起,涉及金额 243.15 亿元;我市新制造业企业获得融资的案例为 170 起,其中披露金额的有 130 起,涉及金额 68.32 亿元。

2019 年杭州市金融仲裁发展报告

杭州金融仲裁院

2019 年，杭州金融仲裁院在市司法局党委的领导下，在各部门的支持帮助下，全体工作人员共同努力，按照年初制定的工作要点，依法、公正、高效地开展金融仲裁工作，有效化解社会矛盾、防范金融风险，各项工作取得了一定的成绩。

一、杭州金融仲裁案件稳步发展

2019 年，杭州金融仲裁院受理案件数量快速增长，立案 5157 件，与上年立案 5643 件相比，下降 8.6％。案件涉案标的额为 60.12 亿元，与上年涉案标的额 66.94 亿元相比，下降 10.1％。传统优势领域成果得以巩固的同时，在委托理财合同纠纷、证券认购纠纷、融资租赁合同纠纷、财产保险合同纠纷、保证合同纠纷等领域有了较大拓展，证券基金投资回购纠纷、证券投资基金交易纠纷、证券纠纷等新型案件在 2019 年有了突破。案件类型多样化的程度较往年更深，表明金融仲裁的影响力和辐射范围不断增强，发展前景良好。

2019 年办结金融案件 4961 件，与上年办结案件 5723 件相比，下降 13.3％。其中裁决率为 10.03％，调解率为 86.84％，撤案率为 3.12％，快速结案率为 89.01％。没有被市中级人民法院撤销、不予执行的案件，取得了较好的社会效果。

杭州仲裁委员会在市人保、大江东人保、萧山人保、市平安保险公司、市太平洋保险公司分别设立保险调解中心受理处，共受理案件 4202 件，标的额共计 0.97 亿元。

杭州仲裁委员会杭州国际仲裁院，受理金融类案件 112 件，其中金融借款合同纠纷 93 件，融资租赁合同纠纷 6 件，追偿权纠纷 5 件，保证合同纠纷 3 件，合同纠纷 2 件，民间借贷纠纷 1 件，车辆保险合同纠纷 1 件，保理合同纠纷 1 件，标的额共计 4.15 亿元。

杭州仲裁委员会萧山分会，受理金融案件 109 件，其中保证合同纠纷 2 件，民间借贷纠纷 53 件，车辆保险合同纠纷 10 件，金融借款合同纠纷 3 件，委托理财合同纠纷 35 件，保险合同纠纷 1 件，人身保险合同纠纷 2 件，追偿权纠纷 2 件，合同纠纷 1 件，标的额共计 4.15 亿元。

二、积极探索金融仲裁发展新路径

（一）以银行业、保险业为发展基石

突出仲裁解决银行业、保险业纠纷的优势，继续巩固原有成果，并逐步扩大合同仲裁选择范围。

2019 年，杭州金融仲裁院以建、工、广发、兴业银行为发展重点，积极走访建设银行杭州分行、工商银行杭州分行、杭州银行、杭州联合银行、兴业银行杭州分行、广发银行杭州分行、中信银行杭州分行、中国民生银行杭州分行等。目前，已有银行合同中选择仲裁条款的银行有建设银行、招商银行、工商银行、浙商银行、浦东发展银行、农业银行、中信银行、交通银行、杭州银行、宁波银行、恒丰银行、兴业银行、光大银行。其中，兴业银行所签订的股票质押回购合同、债券基金合同、信托贷款等非标投资项目全面选择仲裁解决，并明确了后续其他新品种业务签订杭仲条款的意向。在保证银行传统业务选择仲裁的同时，积极推进银行创新业务优先选择仲裁，扩大业务类别及标的数额。针对商业银行类型化案件，在归纳经验的同时，注重梳理和总结，探索具有金融仲裁特色的审理机制和程序规则。

保险业方面，以人保财险公司、阳光财险公司、大地财险公司为主。与保险协会及主要财产保险公司保持紧密联系，积极与人保、太平洋保险、浙江新东方保险公估有限公司等相关企业进行沟通，就非车险保险案件的仲裁选择进行专门商讨，进一步扩大非车险领域仲裁选择范围。其中，与阿里巴巴集团法务部

进行了对接，针对“1688”线下案件(阳光财险)仲裁审理进行了沟通落实。以论坛及研讨会的方式探索保险业新型纠纷仲裁解决的形式，一是邀请省内财产保险公司、相关行业单位及部分实务律师召开“财产保险纠纷仲裁化解研讨会”；二是与浙江省保险学会共同举办保险法实务论坛，进一步明确了仲裁在保险业纠纷特别是财产保险纠纷领域的优势，有力推动仲裁事业在财产保险领域的拓展。

(二)积极纳入多元化纠纷解决体系

充分发挥仲裁制度高效、便利、快捷以及充分尊重当事人意愿的优势，探索金融领域案源在诉讼与仲裁间的合理配置。以我委与市政府金融办、市司法局联合制发的《关于加强金融领域案件资源治理建立科学合理多元纠纷解决机制的若干意见》为指导，在金融领域探索诉源治理实践。与在杭各金融行业协会、金融机构进行有效对接，成功分流和处理了部分金融案件。2019年以来共计受理涉金融类集团案件418件，金融类集团仲裁案件的高效办理，充分发挥了仲裁在诉源治理中的能动作用。

2019年底，杭州仲裁委员会同中国证券投资基金业协会在北京签署合作协议，就证券投资基金纠纷仲调对接机制建设开展合作，充分发挥了杭仲在浙江地区的区位优势，进一步拓展多元化纠纷解决机制和渠道，有利于打造证券投资基金纠纷多元化解枢纽，切实维护基金行业机构和投资者的合法权益，做好基金行业金融风险防范化解工作。杭州金融仲裁院作为证券投资基金纠纷的主要审理部门，也将借此良机，推动金融仲裁在多元化纠纷解决上更进一步的发展。

(三)谨慎对待互联网金融纠纷、有“套路贷”风险的民间借贷纠纷案件

响应相关部门文件政策，严格审查、谨慎处理互联网金融纠纷、民间借贷纠纷仲裁案件。在国家对互联网金融的严格监管形势下，谨慎处理拓道、盈盈理财、米金社、天思等P2P相关案件，加强立案、审理的监督审查，切实保障当事人权益；对于民间借贷纠纷案件，对有“套路贷”风险的案件保持一定的敏锐度，结合法院协同治理民间借贷工作的《职业放贷人名录》，做好案件性质的审查和判断。通过参加“民间借贷与套路贷法律问题”研讨会，密切关注相关政策动

向，为金融仲裁案件高质量、高效率审理提供基础性保障。此外，针对个别疑难案件走访法院，沟通案件处理情况，了解相关政策要求，确保高效、公正地处理案件，保障当事人的合法权利。

三、完善与其他部门的协作统筹机制

与其他相关部门保持信息联通，全方位推进金融仲裁发展。一是积极参加行业协会组织的会议。杭州金融仲裁院 2019 年与浙江省保险学会共同举办保险法实务论坛，进一步论证了仲裁解决机制在财产保险纠纷中的优势；参加了浙江省法学会举办的“民间借贷与套路贷法律问题”研讨会，就民间借贷与“套路贷”的区别、“套路贷”如何认定、对“套路贷”具体定罪、如何预防“套路贷”等热点问题进行了积极讨论，充分了解理论界、实务界在“套路贷”问题上的态度和走向；参加由浙江大学城市学院法学院举办的信托资管法治研讨会。二是保持与法院的通畅对接。其中通过走访杭州市滨江区人民法院，就目前私募基金案件和职业放贷人案件所涉及的相关问题进行了交流和研讨，形成初步处理意见。三是加强了与律师事务所的协作力度。杭州金融仲裁院与北京康达（杭州）律师事务所共同主办了“资本市场新机遇与企业家法律风险防范论坛”，就现今资本市场运作中常见的法律风险进行了专题研讨；与北京大成律师事务所、北京德恒律师事务所、浙江杭经律师事务所、昊天信和律师事务所等保持密切联系，就金融仲裁条款选择进行交流研讨。四是建立与各家银行的不定期交流沟通机制。建立有效快捷的处理渠道，积极听取银行的建议，有效解决银行案件办理过程中出现的问题。

四、不断加强金融仲裁公信力建设

金融仲裁规范化不断增强，办案质量效率大幅提升。一是注重提升办案秘书办案质量及效率。督促办案秘书扮演好辅助者、服务者的角色，做好仲裁庭的服务工作，并且在推动仲裁程序上严格把关，实现金融仲裁案件高质量发展。二是针对类型化金融纠纷案件，充分发挥金融仲裁“快”的特点，研究简化仲裁程序的办法，有计划、有侧重地培养专业仲裁员，统一类案裁决书格式，提高案件审理效率。三是严格贯彻落实重大事项报告制度，超千万元案件提前制定庭审预案，加强仲裁庭的庭前沟通，庭后及时报告。对超亿元案件仲裁审理进行总结，保证案件质量。加强协调法院确认仲裁效力、发回重裁案件，对重大疑难案件加强研讨论证，控制仲裁风险。上述措施有力地践行了“程序灵活合法、实体均衡公正”的原则，为金融仲裁的公信力建设打下了坚实的基础。

五、2020 年展望

（一）大力推进金融仲裁发展

2020 年，杭州金融仲裁院将以杭州市人民政府金融工作办公室、杭州市司法局、杭州仲裁委员会关于印发《关于加强金融领域案件资源治理建立科学合理多元纠纷解决机制的若干意见》的通知（杭金融办发〔2019〕48 号）为指导，推进多元化市场解纷机制杭州模式建设，助推诉源治理，进一步推动金融仲裁院成为金融领域化解纠纷的主要力量。杭州金融仲裁院应以争创国内一流金融仲裁机构为目标，坚持仲裁发展为第一要务，逐步扩大仲裁解决金融纠纷的范围，创新金融仲裁发展方式，扩大金融仲裁社会公信力，实现金融仲裁快速、有效、可持续发展。

建立健全与金融主管部门、行业组织、具体金融机构、擅长金融业务的律师事务所、各类金融小镇等的联系与沟通，建立稳定、常态化的联络协作机制。2020 年计划召开四次以上论坛，并由杭州金融仲裁院牵头，联合杭州互联网仲裁院、杭州仲裁委萧山分会、杭州国际仲裁院等有金融纠纷案件的部门，共同探索金融仲裁事业发展新路径，形成广泛有效的仲裁业务发展格局。

1. 突出重点，着力推动银行、保险领域仲裁发展

在探索金融仲裁发展的过程中，应明确以银行、保险业为重点发展领域，围绕商业银行风险管理以及保险行业特点，主动研究其行业发展趋势，充分展示仲裁在解决银行、保险业相关合同纠纷中的独特优势。在保证银行、保险传统业务选择仲裁的同时，积极探索拓宽新业务的仲裁选择渠道，提升仲裁裁决质

量的同时，注重审理程序的完善和创新，以期提升金融仲裁服务水平、创设金融仲裁特色，努力打造杭州金融仲裁院的品牌效应。

2. 保质保量，实现金融仲裁健康发展

响应政府文件政策，严格审查、谨慎处理互联网金融、私募、职业放贷人有“套路贷”嫌疑的民间借贷纠纷仲裁案件。对于上述相关案件，加强立案、审理的监督审查，在切实保障当事人权益的同时，应结合案件实际情况，完善与法院审判、执行部门沟通联系的长效机制，密切关注金融主管部门的政策动向，确保高效、公正地处理案件，保障当事人的合法权利，防范潜在的风险，降低仲裁裁决被法院撤销的可能性；对于有涉刑可能性的相关案件，要在保证程序公正的前提下尽快结案，尽量避免出现“悬而未决”等不可控情况。

3. 双管齐下，促进金融仲裁拓展和案件审理相结合

坚持仲裁发展为第一要务，推动金融仲裁拓展和案件审理深度融合。在仲裁案件的办理过程中，应逐渐培养仲裁工作人员的大局意识、团队意识，优质、高效地提供服务，以个案的高效公正提升杭州金融仲裁院整体的品牌形象，扩大金融仲裁的影响力，吸引更多的机构及个人选择仲裁。

(二)继往开来，拓宽金融仲裁具体领域发展

2020 年，杭州金融仲裁院开展仲裁工作，应秉持继往开来的基本原则，即在传统优势领域保持一定稳定性的同时，探索寻求金融仲裁进一步发展壮大的新路径。

1. 积极拓展银行业仲裁选择

加强与金融办、银行业协会的沟通与交流。通过梳理金融院成立以来所承办的银行纠纷案件，制订 2020 年银行业仲裁发展计划，统计已有银行案件有关数据，积极发展银行传统业务的同时，主动研究银行业发展趋势，推进银行创新业务选择仲裁。探索适应商业银行类型化案件的仲裁审理方式，争取形成具有金融仲裁特色的审理机制和程序规则。

2. 加强保险领域推进仲裁

加强与保险协会及主要财产保险公司的联系，力争在财产保险领域有新突破，争取推动 2～3 家财产保险公司选择仲裁条款。同时，针对已选择仲裁纠纷

解决方式的大地财险，要做好日常联络加强工作。

3.加强在证券、私募、融资租赁等领域推行仲裁

落实与中国证券投资基金协会的战略合作事项，建立长期有效的合作关系。加强与证券业协会的联系，探索证券纠纷多元化解决。

加强与浙江金融产权交易中心、浙江股权交易中心的联系；联系走访金融小镇，争取仲裁选择在私募投融资、基金管理领域有所突破。重点关注私募基金、私募股权投资以及融资租赁领域的仲裁选择。

4.提高担保典当的仲裁选择率

在担保、典当行业深入推行仲裁，以市担保、典当行业协会为依托，争取推动担保公司、典当拍卖公司选择仲裁条款。

(三)进一步加强金融仲裁公信力建设

以“程序灵活合法、实体均衡公正”为原则，做好党委、政府和群众关注案件、重大疑难案件、标的额千万元以上的案件、集团仲裁案件“四类案件”办理工作，确保金融仲裁公平、公正。

1.研究精简金融仲裁程序

学习借鉴先进仲裁机构的仲裁制度，加快比较研究工作的开展，在现行的《仲裁法》《仲裁规则》的框架下，对仲裁案件审理过程中遇到的实际问题进行系统的归纳和整理，从而针对性地对仲裁程序进行研究，确保案件能够得到高效、公正的处理。

2.创新金融仲裁方式

探索仲裁程序创新的方式，争取在“庭审中向当事人释明的方法”“争议焦点归纳的方式”等方面有所突破；组织仲裁工作人员对案件进行分门别类的梳理和分析，每季度以典型案例的形式总结反映出集团案件办理的共性，提高办案效率，推动类型案件审理流程化、模式化，争取形成具有金融仲裁特色的审理机制和程序规则，展现金融仲裁高效、快捷的特点。同时探索建立金融仲裁发展报告制度。

3.严格办案管理，推动廉政建设

提高办案效率，提高30日内结案比率，严防案件超期，严格控制组庭后的

开庭时限，提高庭前合议效果，努力提高案件调解率；规范庭审程序，研究简化仲裁程序的办法，完善裁决书制作格式；加强仲裁程序重点环节的调度、催办，办好新类型案件、超千万元案件等四类重点案件，保证案件质量；以“仲裁审理兼顾发展”为指导，制定办案参考，保证同类案件裁决统一性；以“仲裁审理兼顾执行”为核心，确保仲裁裁决的可执行性；严格落实重大事项报告制度，加强与仲裁庭的沟通，加强协调法院确认仲裁效力、发回重裁案件，对重大疑难案件进行研讨论证，控制仲裁风险。

同时，为了更好地促进金融案件审理廉政建设，金融仲裁院将大力加强办案秘书廉洁自律管理，落实一岗双责，认真严格践行个案提醒和个案廉政承诺制度，做好仲裁员信息披露等相关事宜，确保金融案件审理实实在在地做到“依法、公正、高效、快捷”。

4.加强仲裁员队伍建设

案件信访投诉应与仲裁员管理相结合，强化仲裁员责任意识；健全制度规范，加强仲裁员管理和监督机制，结合仲裁员考核，如双月考，多措并举确保案件办理公正廉洁。

5.加强办案秘书队伍建设

以“服务仲裁”为基本原则，建立仲裁工作人员大局意识、责任意识、任务意识，诚心、优质、高效地为当事人和仲裁庭服务；加强案件研讨，通过案例分析、业务培训等形式提高办案秘书业务水平；拓宽金融仲裁视野，完善学习研究及调研机制；强化团队意识，增强队伍的凝聚力和向心力，树立公正、高效的仲裁形象。

6.强化与金融机构、法律服务机构、行业组织、政府部门、司法部门等单位的联系与沟通

深化与相关行政部门的联系与合作，发挥政府主管部门、行业协会的作用，推广金融仲裁业务，深入拓展金融仲裁合作领域范围，挖掘潜在发展动力，合理探索金融仲裁案件的转化和审理机制。同时，借助行业协会的平台推介，引导更多的金融机构接受并选择金融仲裁，扩宽杭仲金融仲裁案件的范围；努力实现金融仲裁宣传工作广泛化，树立金融仲裁品牌，完善金融仲裁拓展和运行机制，让更多市场主体知晓金融仲裁的程序、优势和效果。

加强与法院、公安、司法、公证等相关法律部门以及工商、税务、鉴定等机构的交流合作，建立常态化联络机制，定期开展研讨会、座谈会等活动协调相关问题，从而提升仲裁案件质量与效率，共同推动仲裁发展。

继续加强与有金融特色的律师事务所联系与合作，与律师协会保持常态化的联系，不定期走访金融业务较强的律师事务所，学习律所在金融纠纷领域的市场经验，拓展金融仲裁业务。建立与省、市律师协会金融专业委员会的有效联络机制，探索调裁结合化解金融纠纷的新途径，提升解决疑难金融纠纷的能力。

扩大与在杭大型金融机构的联系与合作，提高仲裁员的金融专业化水平，进一步扩大选择仲裁解决纠纷的范围与标的。健全对银行、保险、证券、民间融资平台等的定期回访制度，多渠道、多方式听取相关机构及案件当事人的意见建议，及时、有效地改进金融仲裁服务工作，进一步推动金融仲裁工作发展。

2020 年，杭州金融仲裁院将坚持依法、公正、高效原则，积极应对新时代金融业态下仲裁所面临的挑战。

2019 年杭州市融资性担保行业发展报告

杭州市金融办

2019 年，杭州市担保行业主管工作由原来的市经信局划转到市金融办，在确保平稳过渡的同时，主管部门严格按照国家和省有关文件政策精神，以落实《融资担保公司监督管理条例》和省相关规章制度为主线，坚持强服务、重监管和防风险相结合，认真履行监管职责，提升服务能力，推动政策性担保业务持续提升，引导和促进融资担保行业健康发展。

一、融资性担保行业基本情况

据监管系统统计，2019 年，我市共有 117 家(含 2 家分支机构)融资性担保机构，同比减少 9.43%，注册资本金合计 174 亿元，融资性担保行业从业人数 1086 人，同比减少 5.3%。全市新增担保业务金额 668.5 亿元，新增担保户数 44929 户。其中为中型企业担保金额 18.4 亿元，担保户数 68 户；为小微企业和"三农"担保金额 126.7 亿元，担保户数近 3000 户，小微企业和"三农"担保金额比年初增长 8.2%。担保业务期末责任余额 595 亿元，担保户数 86752 户。

二、全市融资性担保行业发展的主要特点

(一)担保机构实力稳步提升，担保能力保持高速增长水平

杭州市担保机构担保实力稳步提升，担保资金从 2016 年的 166.38 亿元，增加到 2019 年的 265.7 亿元，担保资金增幅达到 62.6%。统计范围内 117 家融资性担保机构，整体实力仍有待提高，但从纵向比较，较之 2016 年的各个规

模阶段的担保企业的能力，仍有较大幅度的提高。

（二）坚持小、少贷款担保为主导，服务中小微企业和“三农”的能力明显提高

全市担保金额小而担保笔数多，从担保费率看，担保机构一般收取年担保费率在1%～3.5%，大部分集中在2%左右，并没有给中小企业增加过大的融资成本，得到了企业的欢迎、银行的合作、政府的支持和市场的认同。

（三）多类型融资担保机构并存，民营资本的主体地位未变

杭州市共有国有控股融资性担保机构19家，占全市担保机构家数的16.24%。民营资本出资的商业型担保机构有98家，占全市担保机构家数的83.76%，其中非公司制担保机构有2家，占全市担保机构家数的1.71%。从数量和担保业绩来看，民营资本设立的商业型担保机构仍是全市融资性担保行业的主体。

（四）国有融资担保机构体量小，引导作用有待增强

2019年末，全市共有国有担保机构（含控股机构和事业单位）19家，占全市法人机构数量的16.24%。但发展质量与其体量并不匹配，国有资本的引导撬动作用远未得到发挥。考核机制不活、人才匮乏等是问题产生的主因。

三、行业主管部门开展的主要工作

（一）推进政策性融资担保体系建设方面

我市积极落实国务院43号文要求，大力发展政府支持的融资担保机构，加快发展主要服务小微企业和“三农”的新型融资担保企业。一是完善健全工作机制。自2017年成立政策性融资担保体系建设工作领导小组以来，领导小组统筹协调全市政策性融资担保体系建设工作，每年根据现状调整小组成员，确保领导小组协调顺畅。全市各县（市、区）也成立相应的领导小组或协调议事机构，作用发挥明显。二是出台奖补扶持政策。根据省、市文件精神，市金融办和市财政局在开展调研、梳理政策依据、充分听取意见、完善文件的基础上，制定

了《杭州市政策性融资担保业务风险补偿管理办法》，并经市政府常务会议同意，于2020年1月初正式印发。三是组建政策性融资担保机构。至2019年底，杭州市共组建政策性融资担保机构17家，注册资本77.25亿元，其中为小微企业和“三农”服务的政策性担保机构16家，注册资本25.25亿元，国有出资资本占比达到91%。

（二）行业监管方面

通过开展集中换证、信用评级，加强对融资担保机构的日常管理，引导其合规经营。

一是完成融资担保机构清理整顿和集中换证工作。2019年8月至12月，杭州市金融办根据《2019年全省融资担保行业规范检查暨集中换证工作方案》和“全省融资担保行业培训”的相关要求，组织全市融资担保监管部门开展了行业清理整顿和集中换证工作。这次清理整顿和集中换证工作，各级高度重视，融资担保公司及时递交报审材料，市和县（市、区）在组织初审时，基本上都成立了第三方委托服务的清理整顿工作组，保证了清理整顿工作的专业、严谨、公正。经市本级和县（市、区）两级初审，已提交材料的103家融资担保公司，整体情况较好，未发现重大问题。

二是开展融资担保机构信用评级。着力推进信用体系建设，每年组织融资担保机构参加担保机构信用评级工作。2019年，我市共有51家融资担保机构参加了信用评级工作，经浙江众诚资信评估有限公司评定，AA级4家、AA^-级2家、A^+级9家、A级17家、A^-级9家、BBB级7家、BBB^+级1家、BBB^-级2家。

三是落实大数据监管。对“浙江省融资性担保行业监管信息系统”及“中小企业信用担保业务信息报送系统”中各融资担保机构报送的数据进行及时监测分析，掌握担保行业的基本信息及数据，及时督促完善，引导担保行业规范发展。

四是加强事中事后监管。完善现场检查工作机制，结合年度整改和换证工作，对融资担保公司实行全覆盖现场检查，严格督查各地主管部门的年度现场检查工作，不定期抽查和参与部分地区监管部门的现场检查工作情况。

(三)行业扶持方面

为鼓励支持融资担保业发展,缓解小微企业融资难、融资贵问题,各级政府都出台了关于融资担保机构风险补偿的相关政策,杭州市融资担保主管部门积极做好各项政策落实工作。

一是根据《浙江省财政厅关于下达2019年国家中小企业发展专项资金的通知》(浙财企〔2019〕58号),结合省地方金融监管局提供的2018年"中小企业信用担保业务信息报送系统"中的相关数据,对市本级融资担保机构及所属区数据统计进行了审核汇总,向市财政提出了分配资金建议,共下达国家中小企业发展专项资金896万元。

二是根据《浙江省财政厅关于下达2019年省中小企业发展(竞争力提升工程)专项资金的通知》要求,组织市本级发融资担保机构申报省财政厅2019年担保机构风险补偿资金项目,经区审核上报融资担保机构申请材料,市本级终审后,市本级共5家机构获补偿资金782.6万元。

三是出台杭州市政策性融资担保业务风险补偿管理办法,每年安排资金用于对政策性融资担保业务奖励补助,以引导我市融资担保公司开展小微和"三农"业务。

四、行业发展及监管下一步工作主要思路

2020年,杭州市将继续认真贯彻落实国家和省相关精神,按照《融资担保公司监督管理条例》等规章制度,按照提升服务促发展、分行分类严监管和强化责任防风险相结合的总体思路,认真履行监管职责,提升监管能力,引导和促进融资担保行业健康发展。

2019年杭州市创投工作发展报告

杭州市发改委

在市委、市政府和市创业投资引导基金管委会的正确领导下，在市财政局等部门的配合支持下，杭州市创业投资引导基金(以下简称“市创投引导基金”)积极探索政府投资基金运作的新机制、新模式，着力在营造良好的创新创业创投环境上下功夫，积极吸引国内外著名创投机构与我市合作，不断提升投资杭州项目的科技含量，充分发挥财政资金的杠杆放大效应，成为我市创新交流合作的“桥梁”、项目落地的“平台”、产业合作的“窗口”。

一、2019年市创投引导基金运作情况

(一)总体情况

2019年，面对资本市场基金募资寒冬，市创投引导基金主动作为，通过财政资金撬动社会资本投向本土战略性新兴产业初创企业，增加了杭州市创业投资资本供给，有力支持了初创期科技型中小企业的创业创新。截至2019年底，市创投引导基金累计投资民营企业553家，投资额62.37亿元。其中投向杭州市民营企业349家，投资额40.33亿元;投资杭州市初创型项目245个，投资额23.94亿元，占总投资额的38.38%。财政资金通过引导基金放大了5倍。参股子基金所投企业中，当年有4家企业成功上市，累计有33家企业成功上市或被并购。2019年度，市创投引导基金分别荣获“中国最佳创业投资引导基金TOP10”和“最受GP关注的政府引导基金TOP20”两大奖项。

(二)主要成效

1.强化政策引导,增强创投环境吸引力

在充分借鉴相关城市的做法,深入总结这十年我市创投行业发展情况的基础上,完善并出台了《杭州市创业投资引导基金管理办法》(杭政办函〔2019〕47号),基金规模扩大到30亿元,管理机制进一步优化,杭州创投引导基金进入2.0版。同时充分利用第七届中国创业投资行业峰会在我市召开的重大机遇,加大政策和项目的宣传力度,扩大杭州创投政策环境的影响力。从执行情况看,政策修订的作用显著,吸引了一批优秀创投机构来杭发展,申请机构数量与拟合作基金规模明显增长,比上年同期均增长了1倍。全年完成19家创投机构的尽职调查,其中完成与浙江富华睿银投资管理有限公司等6家公司阶段参股合作批复,合作规模达17.81亿元;有7家合作机构已通过评审待批复,合作规模为27.51亿元。

2.助力企业上市,壮大资本市场杭州方阵

近年来,市创投办通过政策引导,积极发挥市创投引导基金参股机构赋能创投企业的先导性作用,成为我市经济高质量发展的生力军。在被投企业中,杭州本地成长型企业在获得投资输血后普遍显示出良性发展态势,一批被投企业已经成功上市或已进入上市程序。2019年度市创投引导基金参股子基金所投企业中有4家上市公司,上市首发融资103.1亿元。目前我市已申报科创板的8家企业中,有4家为引导基金参股子基金投资企业(先临三维、安恒信息、鸿泉物联、华光新材),3家为引导基金合作子基金投资企业(虹软科技、当虹科技、光云科技)。其中虹软科技、安恒信息、鸿泉物联、当虹科技已成功登陆科创板,占我市已上科创板企业的75%。

3.聚焦关键领域,助力"新制造业计划"

为响应市委、市政府"新制造业计划",打造杭州市数字经济与制造业双引擎,推进杭州新时代制造业高质量发展,创投引导基金敏锐布局生物医药、集成电路、新能源新材料、高端装备等先导产业,助力杭州市战略性新兴产业发展。如市创投引导基金合作的生物医疗行业专项基金6支,总规模超14亿元;合作基金共投资生物医药项目61个,投资金额累计超6.6亿元,投资领域涵盖医疗器械，医疗信息服务、诊断、新药等。其中，创投引导基金参股子基金——镜心基金成功投资了健艾仕生物医药科技（杭州）有限公司（以下简称“健艾仕”）。健艾仕创始团队主要为海归科学家，他们具有丰富的药物研发经验，但缺乏企业管理和临床申报经验。而镜心投资创始合伙人吕晓翔则拥有20多年世界500强跨国药企管理经验。镜心投资完成对健艾仕的投资后，吕晓翔即作为健艾仕代理CEO，参与公司的日常管理，对临床申报策略、境外CRO公司选择、大额费用支付等重大事项给予指导和把控。健艾仕近一年发展顺利，如期取得美国FDA新药临床批件，正在进行新一轮的融资。

4.赋能小微企业，加快科技成果转化

以“走亲连心三服务”活动为载体，全年市创投引导机构共为所投企业服务200余次，引导创投机构利用专业优势和资源优势，帮助企业解决困难。如杭州翼邦芯科技有限公司作为全世界唯一拥有从基带算法、毫米波前端、平面化天线到系统集成全部自主知识产权的公司，其E-Band芯片击败Macom、Triquint、Gotmic等国际大厂，成为唯一的本土供应商进入华为供应链，成功地应用在华为5G毫米波基站中。翼邦芯创立伊始，市创投引导基金阶段参股的立元熙茂基金公司主动与来自中科院的核心团队对接，向他们宣传杭州的创业环境，使翼邦芯公司落户拱墅区，同时给予300万元天使轮投资支持，并帮助公司获得拱墅区“运河英才”人才计划等资助800万元，并在核心专利、重要协议等方面提供法律上的专业服务，解决了公司早期资金短缺和人才短板等问题，推动企业及时步入正轨。翼邦芯已于2019年8月完成新一轮融资，企业估值大幅提升。

5.发挥专业优势，招引全球龙头企业

市创投引导基金通过发挥圈内的技术、行业、人脉优势，以小博大，着力引进具有全球影响的龙头企业布局杭州。如1937年成立于美国马萨诸塞州的珀金埃尔默公司，是全球最大的生物化学分析仪器制造商之一，在生物化学仪器、技术和服务及IVD领域处于全球领先地位，在生物医疗产业具有较强的影响力和号召力。市创投引导基金通过与珀金埃尔默公司的长期跟踪对接，最终在杭州合作成立3亿元规模的生物医药基金。本次合作成功展现了杭州良好的发展环境、积极的产业政策、开放创新的发展姿态，为杭州打造国际知名的生物医药产业基地起到极好的宣传作用，通过头部企业落户杭州扩大了杭州生物医疗产业的影响力。

6. 整合各方资源，形成多级多方联动

近年来，市创投引导基金在市本级出资的“单打一”方式基础上，通过不断加强和国家、省(部)、区(县)的合作，建立“多合一”出资方式，目前已与上城区、下城区、西湖区、滨江区、余杭区、钱塘新区等杭州市多个区级引导基金开展合作。如与泽悦资本合作的镜心基金是创投引导基金首支实现三级联动的子基金，该基金规模 5 亿元，除创投引导基金出资 4000 万元外，国投创合国家新兴产业创投引导基金和钱塘新区分别出资 8000 万元和 1.15 亿元，三级政府引导基金合计出资 2.35 亿元。与华睿投资合作设立的 2.5 亿元华睿嘉银基金为省创新引领基金成立以来合作的第一支基金，主要投资于智能制造、电子信息技术、新材料新能源、产业互联网等，取得了“四两拨千斤”的效果。截至 2019 年底，市创投引导基金已与其他各级引导基金共合作有 22 支基金，带动各级引导资金 7.75 亿元，较好地促进了各县(市、区)创新创业。

二、2020 年工作思路

2020 年，市创投引导基金将围绕市委、市政府实施“新制造业计划”战略安排，落实杭州打造数字经济第一城、新一代人工智能创新试验区等工作部署，抓住科创板设立的契机，着力推动市创投引导基金在推动创新创业、服务实体经济上再上新台阶。

(一)在营造良好的创投发展生态上下功夫

以“对照国际标准打造一流营商环境”为准绳，充分发挥第七届中国创业投资行业峰会的后续效应，认真落实促进创新投资持续发展的各项政策，构建促进创业投资发展的制度环境、市场环境和生态环境，加快形成有利于创业投资发展的良好氛围。同时以“最多跑一次”改革为突破口，在破解创投“注册难”上下功夫，在有条件的县(市、区)试行市创投引导基金阶段合作机构注册绿色通道，并推动创投备案、创投企业年检即时办理。通过媒体宣传、组织推介会、参与行业评选以及与知名机构或产业龙头企业合作基金等方式，提升我市创投品牌度。

（二）在加强与龙头机构的合作上下功夫

围绕杭州市的重大经济发展战略目标与科技创新战略，进一步发挥创投引导基金的引导和杠杆作用，加强与龙头机构的“点对点”对接，努力引进一批有品质高质量的创投机构，增加杭州创投资本力量，增强国内知名创投机构投资杭州企业的信心和规模。同时，加快对本土龙头机构的培育，形成新一轮创投品牌机构的再集聚和创投人才的再集聚，创新创业再上新台阶，开创杭州“双创”事业的新局面。

（三）在培育战略性新兴产业上下功夫

全力落实“新制造业计划”，深度参与国家新一代人工智能创新发展试验区建设，聚焦科创板重点支持行业，加大对集成电路、新能源新材料、高端装备、生物医药等重点产业的扶持，努力在人工智能、5G应用、生命科学等前沿领域取得突破，助力杭州在部分细分行业上走在全国前列。

（四）在种子项目培育孵化上下功夫

支持有实力的创投企业加大对研发项目、高端技术成果的投资，发挥资本跨境流动和专业团队优势，实现以资本引技术、以技术促产业。加强高校、科研机构、产业集团与创业投资企业的联动合作，推动浙江大学医学中心公共服务平台、钱塘新区生物医药孵化中心等综合性产业创新中心建设。结合本市区域产业结构调整布局，在有条件的地区探索设立创业投资集聚示范园区，使投资人、创业团队、基金管理人形成规模集聚效应。积极鼓励基金加基地、孵化加投资等各类创新型基金运作模式，努力提高新兴企业孵化培育效率。鼓励有条件的县（市、区）政府为孵化器和创业投资企业集聚区制定相应的支持政策，推动基金和区域发展形成合力。

（五）在强化初创企业金融支撑上下功夫

发挥我市金融与科技的融合优势，加强创业投资与各类金融机构联动，推动银行、保险、券商、各类基金、担保公司以及其他专业科技金融机构之间的联动衔接，形成全方位一体化的金融服务生态。积极推广投、贷、保联动等多种创新模式，充分发挥杭州市融资担保有限公司的作用，鼓励和支持相关科技金融产品创新，加大对创业投资企业参股各类小微企业的金融支持力度，为初创科技型企业提供“一站式”投融资服务，破解企业融资中的信息不对称难题。鼓励本市银行业金融机构与创业投资企业合作，积极探索投贷联动业务。

(六)在风险防范上下功夫

根据“防风险”的总体要求，按照《杭州市创业投资引导基金管理办法》，建立风险预警报告制度。逐个梳理市创投引导基金阶段参股的运作情况，加强风险排查，坚持项目与出资的统一，对于已到期未收回的合作项目要加强催收，对于未到期的合作项目要加强跟踪。同时对合作基金及其管理人探索建立信用记录与业绩积累档案，采取诚信激励与失信惩戒并举，激发行业创新活力，保障市创投引导基金健康平稳规范运作。

2019年杭州市典当行业发展报告

杭州市金融办

2018年11月，典当行业完成了从省商务厅到省地方金融监管局监管的转隶，转隶后典当行业金融特性进一步显现，使行业发展走上新的康庄大道。

一、2019年杭州典当行业经营状况

杭州典当行业自2012年起连年下降，2019年依然没有走出困境。总体上，行业经营维艰。

（一）典当企业经营网点及分布

截至2019年12月底，杭州市有典当法人机构95家，分支机构9家，由于行业转隶，2019年暂停设立审批和变更审批，2019年全市无新增典当企业，也无典当企业变更。

按杭州地区行政划分，典当企业的分布情况如表1所示。

表1　2019年杭州典当企业区域分布状况

县(市、区)	经营网点/家	其中		占比/%
		法人机构/家	分支机构/家	
杭州城区	72	66	6	69.23
萧山区	11	10	1	10.58
富阳区	4	4	0	3.85
临安区	3	3	0	2.89
余杭区	9	7	2	8.65
桐庐县	2	2	0	1.92
建德市	1	1	0	0.96
淳安县	2	2	0	1.92
合计	104	95	9	100

由于经营不善、资金周转不灵等，各县（市、区）都存在企业无力经营的情况，实际的经营网点要少一些，约占总数的 10％。

（二）典当企业经营情况

根据“全国典当信息监督网”数据，截至 2019 年末，有 86 家典当企业上报经营数据，占应报企业的 90.52％。实收资本 34 亿元；全行业完成典当金额 137.23 亿元，同比下降 9.86％；典当业务 46902 笔，同比下降 1.58％；息费收入 2.75 亿元，同比增加 7.79％；实现利润 6430 万元，同比下降 28.68％；亏损企业 29 家，占上报经营数据企业的 33.72％，亏损额 5101 万元，同比增加 3713 万元。详情如表 2 所示。

表 2　2019 年杭州典当业主要经营指标

经营指标	2018 年	2019 年	2019 年同比增速/％
典当笔数/笔	47654	46902	－1.58
典当总额/万元	1522385	1372332	－9.86
息费收入/万元	25495	27482	7.79
典当余额/万元	292969	328068	11.98
实现利润/万元	9016	6430	－28.68

2019 年，平均每笔典当业务 29.25 万元；平均每月典当规模 11.44 亿元；年末典当余额 32.81 亿元；资金周转次数 4.04 次；息费收入房产业务平均收费率为 1.42％/月，财产权利业务平均收费率为 1.12％/月；全市典当企业平均经营规模约为 1.59 亿元。详情如表 3 所示。

表 3　2019 年杭州典当业主要业务结构

业务种类	2018 年	2019 年	2019 年占比/％	2019 年同比增速/％
典当总额/万元	1522385	1372332		－9.86
其中：房地产/万元	951596	856083	62.38	－10.34
财产权利/万元	396561	323696	23.59	－18.37
动产/万元	174228	192553	14.03	10.52

从表 4 可以看出，杭州典当业在典当笔数和动产典当金额两个指标上没有超过 30%，说明杭州动产典当业务与浙江其他地区相比处于较弱的地位，还有潜力可挖。同时也说明杭州典当业在大宗业务方面要比省内其他地区强一些，这和杭州城区的房价高企也有关系。但总的来说，杭州典当业在全省起到了举足轻重的作用。

表 4　2019 年杭州典当业与全省数据对比

经营指标	全省数据	杭州市数据	杭州所占比重/%
典当笔数/笔	168404	46902	27.85
典当总额/万元	3001156	1372332	45.73
息费收入/万元	66805	27482	41.14
典当余额/亿元	751909	328068	43.63
房地产/万元	1664519	856083	51.43
财产权利/万元	690070	323696	46.91
动产/万元	646568	192553	29.78
实现利润/万元	14172	6430	45.37

二、2019 年杭州典当业经营特点

(一)民品业务不温不火，难有突破

民品典当是中国典当业的传统业务，从总量上看，2019 年动产业务累计典当金额 17.42 亿元，其中民品典当业务累计典当金额 14 亿元，比上年的 13.98 亿元略有增长，但增幅不大。从品种上看，黄金、首饰、字画、玉器、名表等都有业务开展，有的企业 2019 年还着力汽车典当业务的开发，但总的增量不大。

(二)财产权利业务和房产业务双双下跌，房地产业务仍占主导地位

2019 年财产权利典当业务累计完成金额 32.37 亿元，比上年下降 18.37%。受银行对个人房产业务放宽审批的影响，房地产业务收缩较大，全年完成 85.61

亿元，同比下降 10.34%。三大业务占比情况：动产典当占比 14.03%，财产权利占比 23.59%，房地产业务占比 62.38%，仍处于主导地位。2019 年动产典当业务的上升抵不了房地产典当业务和财产权利典当业务的下降，总体上整个行业经营处于下降通道当中。

(三)业务收费仍处于较低水平，影响企业经营效益

据对行业 10 家骨干企业的业务收费统计，2019 年各项业务的平均收费水平为：动产典当业务 2.04%/月、财产权利业务 1.12%/月、房地产业务 1.42%/月。除去资金成本，企业经营的固定成本，企业效益处于较低水平。

(四)企业间经营业绩参差不齐，相差悬殊，行业盈利水平较低

业绩前 10 位的企业占统计企业总数的 18.51%，但其典当总额为 102.98 亿元，营业收入为 20774 万元，利润为 11522 万元，分别占统计企业的 79.71%、81.56%和 99.55%。而另外 76 家典当企业的总和只占上述指标的 20.29%、18.44%和 4.50%，注册资金 2000 万元以下的企业有 21 家亏损，占亏损企业的 72.41%。即使是排名前 10 位的企业，其总资产平均收益率为7.78%，总资产利润率为 4.3%，行业盈利水平是比较低的。

(五)资产总额有所提高，服务能力进一步加强，负债超过历年

年末资产总额达到 37.37 亿元，同比增加净值 1.45 亿元，上升 4.04 个百分点。其中负债 8.02 亿元，占总资产的 21.46%，全部为公司借债，无银行贷款。逾期贷款 5.43 亿元，同比下降 9.4%，超过一年的逾期贷款为 4.10 亿元，占总资产的 10.97%，比上年上升 5.13%。期末贷款总额为 29.20 亿元，同比增长 9.57%。

(六)亏损企业有所增加，拖累行业整体经营

亏损企业 29 家，占上报经营数据企业的 33.72%，亏损额 5101 万元，同比增加 3713 万元。其中 2 家企业亏损额已分别占到其注册资金的 83.10%和 81.05%，已完全丧失流动性。另有 1 家亏损 782 万元，亏损额占其注册资金的

24.44%,企业经营已经到了难以为继的地步。还有一家亏损507万元,亏损额占其注册资金的10.56%。其他25家亏损企业,平均亏损21.2万元。

三、问题和建议

(一)正确看待典当行业的金融性质和金融地位

在钱庄和银行未出现前,典当是中国金融的先驱,千百年来从事的是借贷金融业务。

(二)政策方面要给予一定明确和支持

在解决典当行业金融地位的大前提下,落实地方金融应有的政策待遇。目前首先要解决典当企业融资难的问题,对典当企业融不到银行贷款的情况要有明确的解决办法,帮助典当企业改善融资环境,扩大规模,提高竞争能力。同时要使典当行业与银行征信系统对接,提高行业风险控制能力。

(三)要把小行业做大,引导企业做大做强,提高行业服务能力

1988年典当行业复出是与当时的经济环境相适应的,服务的是居民个人和个体工商户,注册资金100万元就可以了,起步较低。2005年《典当管理办法》虽然对准入条件做了规定,但对注册资金的规定还是定得太低了,跟不上迅速发展的经济形势,行业规模明显偏小,扩大行业经营规模,提高典当行业的金融服务能力已到了刻不容缓的地步。因此,在政策上要引导典当企业做大做强。对存量企业要通过并购重组扩大企业经营规模,要鼓励有能力的投资人进入典当行业,把规模搞上去。对新设立的典当企业也要提高注册资本的要求,只有把规模做大,企业才有一定的抗风险能力和盈利空间,才能更好地服务于小微企业。

2019年杭州市上市公司并购重组发展报告

杭州市白沙泉并购金融研究院

2019年是浙江省“凤凰行动”计划的第三年，在各级政府部门、投资机构、中介机构和上市公司等社会各界的共同努力下，资本市场对于实体经济发展的重要作用得到进一步彰显。2019年，全省新增境内外上市公司47家，其中杭州地区所属的新增上市公司占比超过一半。并购重组方面，浙江上市公司新完成重大资产重组21起，涉及金额879.40亿元，发生并购约为460起，交易金额1358.54亿元，其中杭州上市公司主导的并购交易占比超过20%。2019年，杭州共有12家上市企业入选“中证浙江凤凰行动50指数”，对指数构成具有重要影响力。

为进一步利用资本市场促进地方经济发展、深化金融供给侧改革，2019年，杭州市政府及相关部门也采取了一系列更加务实可行的举措，取得了显著成效，如:2019年5月30日，市金融办联合杭州金投发布“杭州e融”综合服务平台，充分发挥金融的“造血”力量，提供杭州上市公司稳健发展基金、产业发展基金、信息产业基金、PE股权基金等多种产品形式，助力“凤凰行动”计划，帮助企业做大做强。此外，杭州各县(市、区)也积极推进企业并购重组，出台了一系列鼓励措施。如滨江区先后出台了《关于推进企业上市和并购重组的实施意见》和“百家上市公司行动计划”，每年安排500万元的上市企业专项培训经费，强化基础培育，健全上市企业全周期服务体系。

一、杭州市上市公司并购重组总体概况

(一)并购交易数量及金额继续回落

截至2019年末，杭州拥有境内外上市公司193家，仅次于北京、上海和深圳，位列全国第四位。其中，拥有境内上市公司146家，境外上市公司47家，在

全国省会城市中排名第二。2019年,在“凤凰行动”计划持续推进下,杭州新增上市公司23家(境内14家、境外9家),与2018年相比增加13家。

据Wind数据库提供的数据统计,2019年杭州共有59家上市公司发起并购交易,较2018年减少8家,总计88起交易,与2018年相比减少12起,涉及97家标的公司,同比减少9家,披露交易金额的并购达81起,共363.85亿元,较2018年减少15.71亿元。详情如表1所示。

表1　2019年杭州上市公司并购交易规模分析

年份	并购企业数量/家	并购标的数量/家	并购交易数量/起	披露并购金额交易数量/起	并购金额/亿元
2019	59	97	88	81	363.85
2018	67	106	100	96	379.56
2017	77	145	144	140	420.20
2016	65	145	134	133	303.45

资料来源:Wind数据库。

(二)主板数量多,创业板最活跃,中小板金额高

2019年,主板上市公司并购最多,共有26家,涉及37起并购,平均每家公司参与1.4家公司,其中有34起交易披露了并购金额,共涉及116.56亿元。创业板并购最为活跃,虽然只有17家公司发起并购,但共涉及28起交易,平均每家公司参与1.65起并购。不过,创业板并购金额较小,26起并购所涉及交易金额仅为30.42亿元。中小板公司并购最少,仅有14家,共参与21起并购,但并购交易额最高,其中共披露20起并购,涉及206.78亿元,平均每起交易规模约为10亿元(详见表2)。

表2　2019年杭州上市公司并购交易板块分布

	主板	创业板	中小板	香港	纳斯达克	总计
并购公司数量/家	26	17	14	1	1	59
占比/%	44.07	23.73	28.81	1.69	1.69	100
并购交易数量/起	37	28	21	1	1	88
占比/%	42.05	31.82	23.86	1.14	1.14	100
并购金额/亿元	116.56	30.42	206.78	56.55	—	379.56
占比/%	29.36	42.09	13.65	14.90	—	100

资料来源:Wind数据库。

(三)制造业并购占比最高,信息技术类标的热度上升

2019 年,杭州市发起并购交易的上市公司涉及制造业,信息传输、软件和信息技术服务业,卫生和社会工作,文化、体育和娱乐业,租赁和商务服务业,批发和零售业,建筑业,房地产业,电力、热力、燃气及水生产和供应业,采矿业、交通运输、仓储和邮政业,综合等 13 个行业。

从并购方行业来看,制造业与信息传输、软件和信息技术服务业发起并购交易最多,交易金额也最大,分别达到 39 家、275.36 亿元以及 15 家、19.42 亿元,数量与金额占比分别超过 60%、80%。其中,制造业完成并购 24 起,涉及交易金额 275.36 亿元,相比 2018 年数量下降 4 起,但金额增加 70 亿元,表明并购步伐有所增大。此外,卫生和社会工作并购热度快速上升,从上年的 4 家增长到 10 家,但并购金额增幅不大。在并购完成率方面,仅租赁和商务服务业全部完成,另建筑业、制造业及信息传输、软件和信息技术服务业完成率较高,分别达 66.7%、61.5%、53.3%。详情如表 3 所示。

表 3　2019 年杭州上市公司并购交易并购方行业分布

行业	并购数/家	占比/%	完成数/起	占比/%	并购金额/亿元	占比/%	完成金额/亿元	占比/%
制造业	39	44.32	24	52.17	275.36	75.68	89.78	73.90
信息传输、软件和信息技术服务业	15	17.05	8	17.39	19.42	5.34	12.35	10.17
卫生和社会工作	10	11.36	2	4.35	13.57	3.73	—	—
文化、体育和娱乐业	4	4.55	3	6.52	0.57	0.16	0.57	0.47
租赁和商务服务业	4	4.55	4	8.70	4.03	1.11	4.03	3.32
批发和零售业	4	4.55	1	2.17	17.61	4.84	4.94	4.07
建筑业	3	3.41	2	4.35	0.42	0.12	0.27	0.22
电力、热力、燃气及水生产和供应业	2	2.27	1	2.17	9.60	2.64	8.50	7.00

续表

行业	并购数/家	占比/%	完成数/起	占比/%	并购金额/亿元	占比/%	完成金额/亿元	占比/%
采矿业	1	1.14	1	2.17	1.04	0.29	1.04	0.86
房地产业	2	2.27	0	—	0.70	0.19	—	—
科学研究和技术服务业	2	2.27	0	—	1.40	0.38	—	—
综合	1	1.14	0	—	10.02	2.75	—	—
交通运输、仓储和邮政业	1	1.14	0	—	10.10	2.78	—	—

资料来源：Wind 数据库。

从并购标的所在行业看，被并购公司同样集中在制造业与信息传输、软件和信息技术服务业，分别涉及 33 家、20 家公司，占总标的公司数的 34.02%和 20.62%，完成家数同样排在前列，分别达 19 家、11 家，两者总和占所有完成总数的 58.82%。位列其后的分别为卫生和社会工作及租赁和商务服务业，均有 8 家标的公司。较 2018 年相比，信息传输、软件和信息技术服务业标的占比显著增加，达 7.54%。在所有行业中，建筑业的标的公司被收购完成率最高，达到 85.7%，其次为文化、体育和娱乐业及教育，均为 66.7%。详情如表 4 所示。

表 4　2019 年杭州上市公司并购交易并购标的行业分布

行业	并购数/家	占比/%	完成数/起	占比/%	并购金额/亿元	占比/%	完成金额/亿元	占比/%
制造业	33	34.02	19	37.25	258.25	70.98	63.69	52.43
信息传输、软件和信息技术服务业	20	20.62	11	21.57	50.54	13.89	32.52	26.77
租赁和商务服务业	8	8.25	5	9.80	17.51	4.81	16.16	13.30
卫生和社会工作	8	8.25	3	5.88	14.34	3.94	0.57	0.47
建筑业	7	7.22	6	11.76	2.52	0.69	2.37	1.95
科学研究和技术服务业	4	4.12	1	1.96	1.19	0.33	0.25	0.20

续表

行业	并购数/家	占比/%	完成数/起	占比/%	并购金额/亿元	占比/%	完成金额/亿元	占比/%
文化、体育和娱乐业	3	3.09	2	3.92	4.45	1.22	4.45	3.66
教育	3	3.09	2	3.92	1.14	0.31	0.32	0.26
金融业	3	3.09	1	1.96	0.64	0.18	0.12	0.10
综合	3	3.09	—	—	0.71	0.19	—	—
采矿业	1	1.03	1	1.96	1.04	0.29	1.04	0.86
房地产业	1	1.03	—	—	10.10	2.78	—	—
批发和零售业	1	1.03	—	—	1.10	0.30	—	—
电力、热力、燃气及水生产和供应业	1	1.03	—	—	0.33	0.09	—	—
交通运输、仓储和邮政业	1	1.03	—	—	0.00	0.00	—	—

资料来源：Wind 数据库。

（四）并购偏向省内标的，主要集中在江苏、北京等地

从标的公司区域分布来看，2019 年杭州上市公司更倾向收购省内的公司，共有 47 家，占总量的 48.45%。其中，杭州市标的最多，共 36 家，占省内并购标的总数的 76.6%，其次为宁波市和金华市，分别有 4 家和 2 家。

省外最受欢迎的收购地区主要是江苏省和北京市，分别有 9 家和 7 家标的公司，占总量的 16.50%。再次是上海市和湖北省，均有 6 家标的公司，占比为 12.38%。

标的公司在境外的共有 8 家，占总量的 8.24%，分别为美国（2 家）、新加坡（1 家）、英属维尔京群岛（1 家）、德国（1 家）、印度尼西亚（1 家）、日本（1 家）、法国（1 家）。详情如表 5 所示。

表5　2019年杭州上市公司并购标的区域分布

标的地	标的数/家	占比/%	完成数/家	占比/%	标的金额/亿元	占比/%	完成金额/万元	占比/%
浙江省	47	48.45	22	43.14	300.04	80.02	74.47	56.17
江苏省	9	9.28	6	11.76	15.29	4.08	14.41	10.87
北京市	7	7.22	4	7.84	2.76	0.74	0.82	0.62
上海市	6	6.19	2	3.92	11.19	2.98	9.40	7.09
湖北省	6	6.19	5	9.80	6.59	1.76	6.08	4.59
福建省	3	3.09	1	1.96	3.87	1.03	2.90	2.19
广东省	3	3.09	2	3.92	1.84	0.49	1.32	0.99
四川省	2	2.06	0	0	5.14	1.37	—	0
美国	2	2.06	0	0	2.56	0.68	—	0
安徽省	2	2.06	2	3.92	2.39	0.64	2.39	1.80
山东省	2	2.06	1	1.96	1.80	0.48	0.70	0.53
新加坡	1	1.03	1	1.96	7.16	1.91	7.16	5.40
英属维尔京群岛	1	1.03	1	1.96	7.16	1.91	7.16	5.40
德国	1	1.03	1	1.96	3.95	1.05	3.95	2.98
印度尼西亚	1	1.03	1	1.96	1.83	0.49	1.83	1.38
日本	1	1.03	0	0	1.22	0.33	—	0
江西省	1	1.03	0	0	0.15	0.04	—	0
法国	1	1.03	1	1.96	—	0	—	0
甘肃省	1	1.03	1	1.96	—	0	—	0

资料来源：Wind数据库。

（五）并购方式以协议收购为主，完全收购成为主流方式

2019年，杭州市上市公司并购方式以协议收购为主，达到了55起，占比63%，其中完成33起。其次为增资并购，共有24起交易采用，其中完成11起。详情如表6所示。

表 6　2019 年杭州上市公司并购交易并购方式分布

并购方式	数量/家	完成数量/家	完成率/%
协议收购	55	33	60
增资并购	24	11	46
发行股份购买资产	5	0	0
要约收购	2	1	50
二级市场收购	2	1	50

资料来源：Wind 数据库。

88 起并购中，共 77 起披露了具体的并购比例，涉及 88 家标的公司。从并购比例来看，股权收购以完全并购为主(100%股权收购比例)，共有 20 起，其次是不取得控制权的轻度并购，10%股权份额以下的并购有 13 起。从完成度来看，以获取相对控制权为目的的并购完成率较高，获得 50%～90%股权份额的并购共发起 21 起，完成 15 起，完成率为 71%，特别是股权份额为 80%～90%及 60%～70%的并购，完成率分别高达 100%和 71%。详情如表 7 所示。

表 7　2019 年杭州上市公司并购交易股权份额分布

收购比例	100%	90%～100%	80%～90%	70%～80%	60%～70%	50%～60%	40%～50%	30%～40%	20%～30%	10%～20%	0～10%
标的数量/起	20	2	3	2	7	9	10	8	3	9	13
完成数量/起	10	0	3	1	5	6	5	4	2	3	5
完成率/%	50	0	100	50	71	67	50	50	67	33	38

资料来源：Wind 数据库。

(六)信息传输、软件和信息技术服务业成跨界并购主力

2019 年，杭州上市公司同业并购与跨行业并购并重，分别发起 45 起、43 起，两者共占并购总量的 50%。其中，制造业、卫生和社会工作并购交易主要为同业并购，同业并购率分别为 92.59%、75%。信息传输、软件和信息技术服务业、建筑业主要开展跨行业并购，其同业并购率分为 43.11%、42.86%。最后，电力、热力、燃气及水生产和供应业，批发和零售业，交通运输、仓储和邮政业，金融业，房地产业，租赁和商务服务业，科学研究和技术服务业，教育，文化、体

育和娱乐业，综合等行业同业并购与跨行业并购差异不明显。详情如表 8 所示。

表 8　2019 年杭州上市公司并购交易类型分布　　（单位：起）

标的方 并购方	B	C	D	E	F	G	I	J	K	L	M	P	Q	R	S
B	1	0	0	0	0	0	0	0	0	0	0	0	0	0	0
C	0	25	1	1	0	0	7	1	0	2	0	0	0	1	1
D	0	0	0	0	1	0	0	0	0	1	0	0	0	0	0
E	0	0	0	3	0	0	0	0	0	0	0	0	0	0	0
F	0	1	0	0	0	1	1	0	0	0	0	0	1	0	0
G	0	0	0	0	0	0	0	0	1	0	0	0	0	0	0
I	0	1	0	0	0	0	8	0	0	3	0	0	1	1	1
K	0	0	0	0	0	0	0	1	0	0	0	0	0	0	1
L	0	0	0	3	0	0	1	0	0	0	0	0	0	0	0
M	0	0	0	0	0	0	0	0	0	1	1	0	0	0	0
Q	0	0	0	0	0	0	0	1	0	0	2	1	6	0	0
R	0	0	0	0	0	0	1	0	0	0	1	1	0	1	0
S	0	0	0	0	0	0	1	0	0	0	0	0	0	0	0

资料来源：Wind 数据库。

注：行业代码参照证监会行业分类规范（A 农、林、牧、渔业；B 采掘业；C 制造业；D 电力、煤气及水生产和供应业；E 建筑业；F 批发和零售业；G 交通运输、仓储和邮政业；H 住宿和餐饮业；I 信息传输、软件和信息技术服务业；J 金融业；K 房地产业；L 租赁和商务服务业；M 科学研究和技术服务业；N 水利、环境和公共设施管理业；O 居民服务、修理和其他服务业；P 教育；Q 卫生和社会工作；R 文化、体育和娱乐业；S 综合）。

二、2019 年并购市场发展特点

（一）并购热度先扬后抑，小额并购有所增长

在证监会推出“小额快速”并购审核机制、简化并购重组披露信息等一系列松绑政策刺激下，2019 年上半年杭州市并购重组延续了 2018 年下半年的热度并有所提升，达 48 起，交易金额 302.23 亿元。然而，2019 年下半年科创板正

式推出，除并购之外打开了更多融资渠道。特别是加快民营企业IPO与再融资审核、规范科创板再融资公开征求意见等政策的出台，对并购起到了一定的替代作用，使得并购数量与金额较上半年有所下降(见图1)。

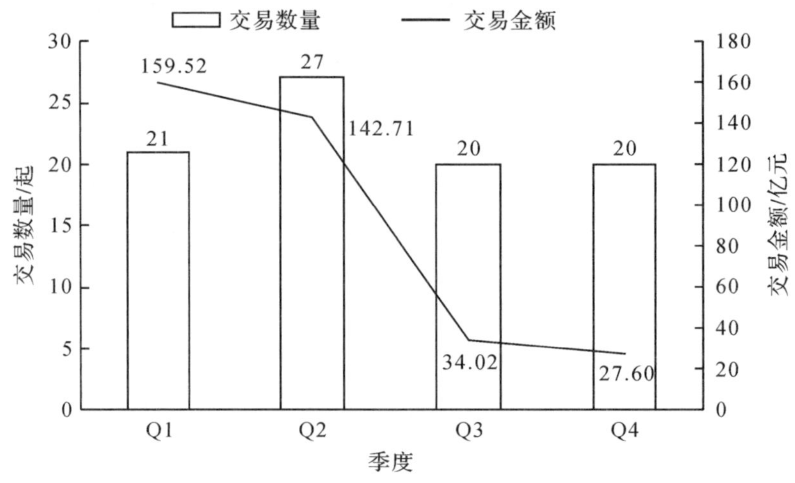

图1　2019年并购交易数量与金额趋势

同时，受中美贸易战持续升级的影响，2019年杭州市上市公司并购交易趋于谨慎，小额并购热度有所增长。从图2中可以看到，相较于2018年，2019年的并购数量下降主要集中在5000万元以上的大型并购，而100万元以内的并购反而从1起增长至6起(见图2)。

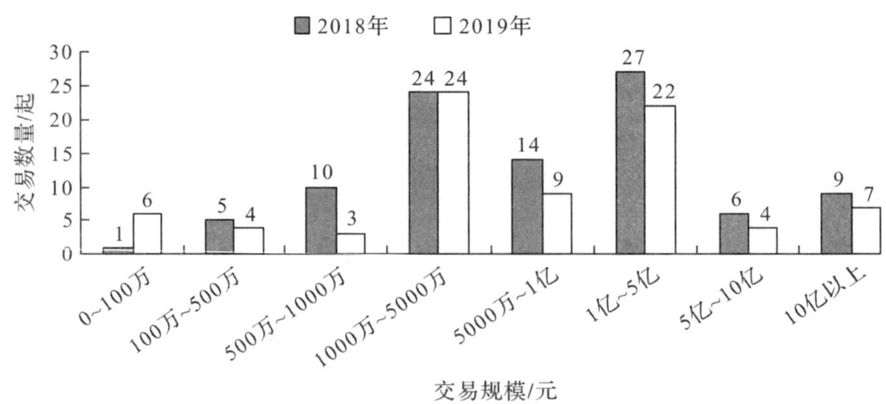

图2　2019年杭州市上市公司并购交易规模分布

(二)数字经济驱动并购交易,八大万亿产业引领并购方向

自浙江省委经济工作会议确立实施数字经济"一号工程"以来,杭州借助阿里巴巴、网易等一系列互联网头部公司在数字经济发展方面占得先机。互联网、大数据、人工智能和实体经济以并购的方式深度融合,有效赋能传统产业转型升级实现高质量发展。如 2019 年 7 月杭钢股份收购了云数据公司,借助自身在项目用地到能源供应方面的巨大资源优势,快速推进中小型数据中心项目部署,对促进大数据技术及应用的研发和产业化有着相当的助力作用。数字经济已经成为驱动众多产业并购的价值内核。

此外,八大万亿产业作为浙江未来发展的重要支撑,杭州在这些行业的并购中占有一席之地,并在生物医药、高端制造、信息技术及互联网等领域表现突出。借助并购,这些产业能够在内生增长的基础上实现外部资源的快速集聚。如泰格医药仅在 2019 年就对上海谋思、美国 BDM、新泽、北京雅信诚、汇鼎医疗、EPS 等 6 家生物医药标的发起并购,实现公司在相应细分领域的布局。

(三)并购以横向整合为主,多元化战略与战略合作为辅

2019 年,杭州市上市公司并购目的以横向整合为主,共 39 起,占并购总数的 44%(见图 3)。借助横向并购,企业一方面能够增强规模经济效应,集中优势降低成本,另一方面能够借助管理协同和运营协同提升并购双方的企业效率,进而创造更高的价值。如巨星集团联合巨星科技、杭叉集团收购中策橡胶,双方在渠道、产品等方面形成了良好的互补。中策橡胶可以以巨星科技国际大型连锁超市作为销售平台拓展销售渠道,而巨星科技可以借助中策橡胶 4 万多家线下经销门店布局汽车后市场。

除了横向并购,多元化战略以及战略合作也受到杭州市上市公司的青睐,分别为 16 起和 19 起,共占并购总数的 40%。在产业边界日益模糊的互联网时代,并购多元化战略及战略合作往往是企业未来实现爆发式增长的重要途径。如富春环保收购铂瑞能源 85%股权,一方面,富春环保可以凭借资金优势迅速降低标的项目的财务成本,另一方面,凭借行业积淀和技术优势,可以改良设备运行的经济性。从过往的并购标的来看,并入上市公司后通过管理提升和业务整合,一两年内效益都出现了大幅的增长。

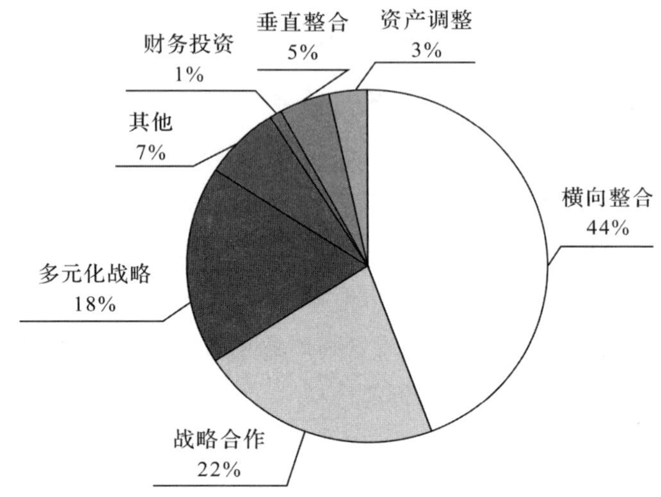

图3　2019年杭州市上市公司并购目的分布

三、工作建议

(一)抓住政策持续回暖契机,主动做好并购筹划及撮合

2019年,并购重组新规、减持新规等一系列政策密集出台,大大降低了并购重组的交易成本。如并购重组新规提出取消重组上市认定标准中的“净利润”指标,对于暂时还未实现盈利但发展前景明确或研发等投入较大的企业是直接利好,有助于引导融资成本下降,同时有助于拓宽PE/VC等机构的退出通道,提高其积极性。2020年,定增新规的推出则进一步激发了市场参与并购重组的积极性。定增发行价格从9折变为8折且锁定期减半会大幅增加定增股份的吸引力。可以肯定,当前政策环境正处于最佳时期,并购重组需要抓住这一时间窗口,主动做好并购筹划及撮合工作。

(二)积极应对疫情影响,充分利用并购促进行业转型升级

2020年初,新冠疫情的爆发对经济造成了短暂休克性冲击,许多细分赛道开始或主动或被动地加速进入变革和融合的阶段,不少面临困境的企业急于破

局，找到活下去的机会。此时，部分行业龙头企业面临更好的并购机会，特别是很多未上市的大独角兽公司由于业务体量大、资金流安全问题，正在更积极地寻找质地优良同时价格合理的标的公司进行并购整合，以此补足短板或者开拓疆土，以便在疫情结束、业务爆发的时候能够抓住机会，占领被淘汰企业释放出来的市场，促进行业转型升级。

（三）做好并购标的梳理、资源整合对接服务

在后疫情时代，预计部分行业估值可能会出现调整，甚至有公司会因为现金流问题面临资不抵债的风险，这些都会使得创始人和股东对公司进行一个更谨慎且合理的估值判断。而资产性价比的增加，也会吸引到更多的买方参与交易。同时，人工智能、5G、大数据等新兴产业的发展也将带来更多的并购机会。政府相关部门及服务机构应当从促进行业转型升级的角度，系统梳理与当地产业具有协同效应的潜在并购标的、目标企业的情况，积极进行对接。

四、代表性案例

（一）巨星集团联合巨星科技、杭叉集团收购中策橡胶

2019 年 10 月 23 日，杭叉集团和巨星科技发布公告，两家上市公司及其共同控股股东巨星集团等通过设立中策海潮以现金方式收购了中策橡胶46.95％的股权，交易总额为 57.97 亿元，其中自有资金合计 40 亿元，来自巨星集团、杭叉集团、巨星科技、杭州海潮实缴出资额，其余部分通过银行并购贷款筹措。其中两家上市公司均以每股 1 元价格向持股平台中策海潮增资 9.75 亿元，分别占中策海潮出资额的 24.38％，收购后将分别间接持有中策橡胶 11.44％的股权。

通过本次交易，巨星科技将在市场渠道方面与中策橡胶建立合作，扩大在汽车后市场领域的产品布局，依托中策橡胶密集的线下网点及经销商网络为客户提供汽车修理及养护一体化服务，提升巨星科技在汽车后市场的品牌影响力和综合竞争力。

以轮胎作为主要产品核心零部件的杭叉集团或更直接受益于本次收购。

本次交易完成后，中策橡胶可发挥其在轮胎研发、生产等方面的优势，为杭叉集团提供更高技术含量及定制化的轮胎产品，提高杭叉集团工业车辆产品的附加值及市场竞争力。

(二)亿帆医药收购佰通公司

2019 年 11 月 1 日，亿帆医药股份有限公司通过现金支付方式分别收购 Perfect Trend Ventures Ltd. 100%股权及 Dongren Singapore Pte Ltd. 100%股权，间接收购 Bioton S. A.(佰通公司)31.65%股权。Dongren Singapore Pte Ltd. 和 Perfect Trend Ventures Ltd. 两家公司的主营业务都是股权投资。因 Dongren Singapore Pte Ltd. 持有波兰华沙证券交易所上市公司佰通公司 19.79%的股权，Perfect Trend Ventures Ltd. 持有佰通公司11.86%的股权，亿帆医药最终取得佰通公司 31.65%的股权，成为佰通公司第一大股东。佰通公司是一家在波兰交易所挂牌上市的波兰生物科技公司，总部位于波兰华沙市，在糖尿病护理领域拥有超过 30 年的创新和区域领导力，是全球第四家上市的重组人胰岛素制造商，也是波兰第二大综合性医药企业。

通过此次交易，上市公司将成为佰通公司第一大股东，这有利于提高产品合作稳定性，使上市公司与佰通公司在糖尿病领域形成长期战略伙伴关系。佰通公司在波兰拥有较强的胰岛素直销团队，对于未来上市公司全球胰岛素销售网络的中东欧布局将是一个非常好的补充。

同时，亿帆医药通过本次收购可以和佰通公司在胰岛素领域，甚至是药品国际化战略上形成协同效应，更加保证上市公司在全球胰岛素市场领域布局的顺利实施，是上市公司药品制剂国际化战略的重要举措。长期来看，这将有利于上市公司国际化战略的推进，丰富上市公司产品制剂生产能力，提升上市公司的市场竞争能力与盈利能力，进一步完善上市公司的全球药品制剂业务布局。

(三)杭钢股份收购云数据公司

2019 年 7 月 18 日，杭钢股份第七届监事会第二十次会议决议审议通过《关于变更部分募集资金投向收购杭州杭钢云计算数据中心有限公司 100%股权并增资的关联交易议案》，并发布《关于收购杭州杭钢云计算数据中心有限公司 100%股权并增资的关联交易公告》，自此杭钢股份正式开始收购云数据公司。

杭钢股份将原本投向“金属材料交易平台项目”的 9.5 亿元募集资金用于收购母公司杭钢集团和姊妹公司富春公司共同持有的云数据公司并进行增资。其中 7.26 亿元用于收购云数据公司 100%股权，其余 2.24 亿元用于对云数据公司增资，增资用来投资建设运营杭钢云计算数据中心项目一期。

本次交易完成后，云数据公司将成为上市公司的全资子公司，上市公司将以云数据公司为实施主体，建设并运营 IDC 项目。公司收购云数据公司后，可充分利用自身及云数据公司的国企背景优势、资源能耗优势及区位优势（近用户、近产业链、近人才）等有利条件建设并运营该项目。

金融集聚区篇

2019年钱塘江金融港湾建设工作报告

杭州市金融办

2019年以来，我办围绕《浙江省新兴金融中心建设行动方案》的工作要求，以“深入推进钱塘江金融港湾建设，成为全省金融要素集聚高地”为目标，全力建设钱塘江金融港湾主规划区，推动金融产业要素持续集聚，服务实体经济力度加大，金融科技融合迈出重要步伐，高质量发展氛围日渐浓厚，为打造具有强大资本吸纳能力、人才集聚能力、创新转化能力、服务辐射能力的财富管理和新金融创新中心提供有力支撑。

一、2019年工作总结

(一)持续在推动金融要素集聚上下功夫、见实效

全面贯彻《长江三角洲区域一体化发展规划纲要》，当好服务“长三角区域金融服务中心”的“模范生”。

1.绘制谋划“一张图”

坚持对外谋合作，主动对接上海市地方金融监管局拟订合作意向框架，加快推进政策规划、协调机制、要素市场、基础设施等一体化联动，力争实现杭州国际金融科技中心与上海国际金融中心、钱塘江金融港湾和陆家嘴金融集聚区等有机衔接、深度合作、错位竞争，协同形成国际一流的竞争力和影响力。坚持对内挖潜力，不断强化核心区“1”的功能，支持钱江新城编制《建设杭州金融城打造金融科技先行区行动纲要》，明确杭州金融城的四至范围、建设目标和发展路径。推动钱江世纪城实施《金融集聚区建设三年行动计划》，谋划钱塘江金融城、湘湖金融小镇、信息港小镇一体化发展。不断优化特色小镇“X”的规划，指

导玉皇山南基金小镇、西溪谷互联网金融小镇、白沙泉并购街区优化规划，逐步打造空间布局高水平、产业发展高层次、金融服务高品质的“1＋X”港湾格局。

2. 聚力招商“一盘棋”

坚持项目牵动，注重招大引强，建立年度重点任务（项目）清单，梳理市级项目 38 个，港湾重点任务（项目）库项目已达 178 项。其中在核心区，钱江新城设立金融产业链招商专班，全年招引落户了世界银行全球数字金融中心、大普信用评级机构、中金浙江公司等，目前已招引省级以上持牌金融机构 61 家。钱江世纪城签约信达期货总部，启用钱塘江金融科技实验室，落户长三角金融人才高校联盟，建设浙商产融总部、浙商银行总部项目等，持牌金融机构总部达到 9 家。港湾核心区已经成为省内总部金融机构最集聚区域。支持金融特色小镇甄选落户优质项目，其中玉皇山南基金小镇落户国改发展双百基金、省文投集团、杭州战略性新兴产业基金等 52 家企业。5 个金融特色小镇已集聚各类金融服务机构 5000 余家，管理资产规模近 2 万亿元。

3. 打造服务“一张网”

实施“金融支持实体经济高质量发展”大服务活动，组织金融顾问团深入核心区、小镇等开展三服务 21 次，细化分解工作重点 8 项，推进整改问题 19 项，完成调研课题 3 个，形成了“调研＋服务＋落实＋反馈”的四效联动机制，把“店小二式”金融服务延伸到“最后一公里”。其中钱江新城组建杭州金融城发展联盟，为要素集聚和产业发展提供最强后盾支持。钱江世纪城开展金融产业发展政策效果评估并进行优化。玉皇山南投资管理有限公司入围中基协公布的第一批私募资产配置管理人名单，成功发行全国首只私募资产配置“山南云栖基金”。西溪谷互联网金融小镇完成征迁做地 7 宗 193 亩，为蚂蚁金服全球总部项目土地出让奠定基础。白沙泉并购街区设立首个“银行窗口＋社区代办”就近办示范服务点，帮助 200 余家企业代办相关业务。

（二）持续在推动金融服务实体经济上下功夫、见实效

紧紧扭住民企融资难融资贵的痛点，引港湾金融“活水”灌溉“实业”之田。

1. 扎实推进“开渠引水”

建立钱塘江金融港湾政银例会机制，修订银行保险机构支持地方经济发展

评价办法，推动惠企举措“四箭齐发”，补齐了“降低企业融资成本、优化公款竞争性存放、建设融资服务平台、完善风险补偿机制”等制度性短板。民营经济贷款达到1.45万亿元，同比增长12.6%；小微企业贷款达到6989亿元，同比增长11.8%，较上年多增1.7个百分点；制造业贷款余额达到4894亿元，同比增长6.8%，增幅达近十年最大。钱江新城启动运营江干区中小企业融资担保公司，审批通过相关融资申请27笔，金额7360万元；银行已放款19笔，金额4560万元；储备项目6个，金额1500万元。钱江世纪城组织开展银行业金融机构评价激励，引导在萧金融机构优化信贷结构，着重支持中小微企业、数字经济企业发展。

2.全力实施“精准滴灌”

钱江新城引入杭州金融综合服务平台和杭州征信公司，通过平台汇集全市政务数据信息、金融数据信息、民企数据信息，配套小微企业贷款风险补助政策，初步实现“五个更”（融资信息更全、融资撮合率更高、融资费率更低、融资速度更快、用户体验度更佳）。到2019年末，平台已入驻银行机构46家、担保机构20家，注册企业34105家，成功撮合融资供需4577笔，总授信金额124.6亿元，此项工作受到时任省委书记车俊的肯定。钱江世纪城推动辖区内荣盛、恒逸等2家企业成功发行中期票据8亿元和5亿元，并配套风险缓释凭证，分别降低融资成本60BP和32BP。

3.抓好抓实“主体升级”

深入实施“凤凰行动”计划，以科创板开市运行为“突破口”，以启动重点拟上市企业认定办法为“助推器”，着力打好“企业培育、政策解读、资金扶持”等“组合拳”，全年新增上市公司22家，位列全国第三；其中登陆科创板企业5家，位列全国第四（仅次于沪、京、苏）。认定市级重点拟上市企业116家，区级上市后备企业263家。新增浙江省股交中心挂牌企业109家、股份制改革企业230家。山南基金小镇落户深交所杭州基地，填补省内交易所实体服务基地空白。开展“金融小镇全国行”，深化与上海陆家嘴新兴金融产业园的合作，累计引入中民投、景林、联创等上海优质投资机构共71家，在投上海优质项目44个，投资金额23.31亿元。白沙泉并购街区打造并购信息交流中心、中企众创空间拓展项目源，编制发布白沙泉（中国）并购指数。钱江新城、钱江世纪城分别与上交所、普华永道、浙商证券等合作举办科创板培训班。

(三)持续在推动改革开放走深走实上下功夫、见实效

主动把推进港湾对外开放放到省市改革开放的一盘棋的大格局中谋划运作,大力支持开拓多元化市场,营造浓厚发展氛围。

1.做实一个"对外开放"市场

抢抓"进一步放宽外资金融机构市场准入条件"契机,钱江新城成功落户澳门国际银行等机构,目前,港湾已经集聚外资银行13家,外资保险公司22家。发挥国际峰会论坛"鲶鱼效应",全面激发港湾市场活力,持续办好钱塘江论坛、创新中国总决赛暨秋季峰会等国际性峰会论坛,构建辐射长三角、面向世界的发展平台。其中钱江新城举办杭州金融科技峰会暨杭州金融城启动活动、2019全球数字金融发展和治理研讨会暨全球数字金融中心启动仪式等国际峰会。玉皇山南基金小镇成功举办第五届全球私募基金西湖峰会,首次做到一级、二级市场全覆盖。白沙泉并购街区举办第三届全球并购白沙泉峰会,发布白沙泉(中国)并购指数,完善浙江省并购交易服务平台功能,推动浙江省并购联合会海外办事处发展。

2.做优一个"人才集聚"体系

全面实施"钱塘金融人才"专项引育工程,落地国际"三类"金融资格证书奖励举措,举办国际金融人才论坛,港湾引进"省千"专家8名、市"521"人才5名,市高层次人才数实现"破百"。其中山南基金小镇推动金融人才全流程线上服务,兑付试点金融人才政策资金355.1万元,奖励人才资金410万元。钱江世纪城落户省金融人才协会,出台人才项目投资补助政策。白沙泉并购街区与国信证券共同成立杭州市首个投资者教育基地。杭州银行人才服务银行累计签约4599人,放款4.5亿元,贷款余额1.2亿元。

3.做强一个"港湾党建"平台

按照基层党建"全域提升、全面提质"的要求,牵头创立"钱塘江金融港湾党建联盟",组建运行市金融服务讲师团,吸纳聚拢主要金融机构、金融科技领军企业及行业协会组织21家,金融专家学者100名,有序推进"七个一"重点工作。其中钱江世纪城开展成立"金凤凰"党建联盟,组织会员单位走进浙江交工

集团和上市公司党建培训活动，推动上市企业“党建强、发展强”。

二、2020年工作思路

下一步将主动融入长三角一体化国家战略，紧扣浙江省新兴金融中心建设行动目标任务，聚焦聚力钱塘江金融港湾高质量发展、竞争力提升、集聚化建设，突出促集聚、增动能、补短板、造氛围，推动港湾在打造金融要素集聚高地上实现新突破，勇当区域金融改革发展的头雁。

（一）集聚提标，在融入大战略中寻找“新坐标”

坚持目标导向，对标对表“深入推进钱塘江金融港湾建设，成为全省金融要素集聚高地”的目标，落实好十三五收官年和谋划好十四五开局年港湾建设任务、找准工作坐标，确保高起点开启长三角金融服务中心打造的新征程。

1.融入发展战略优集聚

高标准接轨上海国际金融中心建设，争取与上海市地方金融监管局签订合作意向框架，推动钱塘江金融港湾和陆家嘴金融集聚区推进政策规划、协调机制、要素市场、基础设施等实现一体化联动、差异化发展，协同形成国际一流的竞争力和影响力。服务借力大上海，吸引上海大型金融机构、金融总部在杭设立分支机构，推动港湾集聚区内新兴金融领军企业在沪设立分支机构、飞地孵化器。

2.优化空间布局促集聚

研究制定港湾金融产业分布图，明确港湾紧缺亟须领域需求，优化金融集聚区功能布局，提升空间承载能力。坚持推进核心区扩容提质，加强钱江新城和钱江世纪城的核心区联动发展，协调推进杭州金融城规划实施，全力推进杭州银行、太平金融大厦、杭州国际金融中心、高德置地广场、中国人寿大厦、华融国际大厦、浙商银行总部、泰隆银行杭州总部大楼等八个“总部级”项目竣工落成，夯实辐射长三角、具有国际影响力的现代金融服务集聚区的“四梁八柱”。

推动金融特色小镇内拓外延，玉皇山南基金小镇加快打造特色小镇2.0版，促进“空间优化”、“产业重构”和“服务再造”，构建募、投、管、退完整的私募金融生态圈。湘湖金融小镇创建以财富管理为特色的路演中心。西溪谷互联网金融小镇更名升级，打造西溪金融总部经济园。运河财富小镇对接德勤私人财富(中国)、上交大中国金融学院打造家族(私人)财富管理集聚地。黄公望金融小镇举办海峡两岸金融论坛。

3.创新体制机制强集聚

强化钱塘江金融港湾主规划区内组织体系建设，省、市、县(市、区)三级联动，加强统筹协调和指导，畅通税收数据共享，做实做细财政体制结算，巩固杭州金融业的先发优势，持续提升港湾金融业影响力，形成各个金融集聚区协同发展。优化港湾联席会机制，做精季度分析、强化年度分析，深入研究高质量发展、竞争力提升、集聚化建设等事关港湾发展的重大问题，努力提高金融要素集聚发展的前瞻性、针对性、有效性，为政策拟定和项目推进提供强有力的支撑。

(二)产业优化，在培育新引擎中弹好“合奏曲”

坚持问题导向，擦亮建设财富管理和新金融创新中心的“目标任务”，聚焦“资本吸纳、人才集聚、创新转化、服务辐射”四项举措，进一步弹奏联动共促的新乐章。

1.以资本吸纳集聚强大动力

用足用好资本市场政策红利，研究出台支持服务数字经济和新制造业行动计划。抓住创业板推行注册制的机遇，深化上市服务基地建设，大力推进集聚区内数字经济企业、新制造业企业上市，力争不少于25家。健全上市企业梯队培育机制，完善市资本市场咨询委员会功能，通过“一企一策”“一事一议”等方法，优化企业上市服务，认定重点拟上市企业不低于100家，新培育股改企业不少于150家。规范发展各类创投基金、私募股权基金，探索建设区域性私募股权交易市场，引导各类基金投向初创性科技企业和有潜力的制造业企业。支持高端产能并购，推动白沙泉并购金融街区健全“五大中心”功能，加大并购金融服务新经济的力度。

2.以人才集聚引领产业发展

引育“高精尖缺”，全面实施“钱塘金才计划”，完善健全高层次金融人才评定的政策举措。全面推行港湾金融高层次人才“e卡通”，为人才工作、就医、子女入学、享受社会福利提供“绿色通道”。推动人才改革试点扩点增面，在核心区启动总部金融人才改革试点，在西溪谷互联网金融小镇探索金融科技人才改革试点。支持“为我所用”，支持推动钱塘江金融港湾智库、钱塘江金研院、钱塘江金融港湾高教联盟联动创新发展，招引更多金融人才组织入驻港湾，形成集金融产业研究、人力资源储备、技术援助和教育培训于一体的金融人才发展体系。实施“海外引才”，在省“千人计划”“万人计划”设立金融专项的基础上，进一步加大政策支持力度和人才引进政策的宣传推广力度，开辟海外渠道招引金融人才，探索形成海外高层次金融人才引进工作体系和合作机制。

3.以创新转化驱动产业升级

坚持创新链与产业链“两链融合”，在港湾集聚区企业中，全面推广应用杭州金融综合服务平台，通过进一步整合平台数据，接入更多融资供需信息、政务数据信息、商业数据信息，完善杭州征信公司运作机制，有效缓解银企信息不对称问题。进一步拓展平台功能，开发股权融资、债权融资应用，打造一站式融资服务平台。进一步精准平台服务，针对部门、县(市、区)需求，开发定制化个性化产品专栏。进一步优化平台自身功能，积极探索应用先进技术、先进做法，不断提高用户应用体验度，在同类平台中彰显差异化特色。进一步扩大平台应用范围，市场化推广和行政化推广并重，累计入驻企业力争不少于6万家，撮合融资金额不低于500亿元，力争依托“杭州e融”平台，打造金融集成创新融资畅通工程的有力工具，形成港湾集聚区金融惠企的金字招牌。

4.以服务辐射催生新兴业态

牢牢扭住“牵一发而动全身”的重点改革，有的放矢、纲举目张，以“一子活”激发“全局活”。持续深化港湾“最多跑一次”改革，全面推广山南基金小镇实施的“政府＋行业自治主体”两元化管理模式和“产业链＋人才＋资本”三轮驱动发展模式，力争所有集聚区、特色小镇企业、个人办事不出小镇(集聚区)。持续深化港湾大项目招引落地机制，继续以项目化管理机制为抓手，加大政策的招引力度，以大项目、大平台、龙头企业、国际性机构的引进和集聚为标杆，谋划一批有影响力和带动力的重大项目落地，进一步强化核心区发展总部级金融机构、各金融特色小镇形成“一镇一特色”创建格局的联动共赢发展局面。全年力争招引落地各类重点项目不少于5个，重点机构不少于20家。持续深化金融改革创新机制。推动港湾主规划区争创国家级金融科技试验区，争取建立金融科技与普惠金融有机结合、传统金融与新兴金融相互协调、守正创新与普惠民生相互融合的金融改革创新体系。持续深化对外交流机制，高质量办好钱塘江论坛、全球私募基金西湖峰会、“西湖—日内瓦湖”论坛、“2020 中国 · 杭州西湖云上金融服务峰会”等峰会论坛，成为推动港湾建设的国际化、高端化、常态化的交流平台，探索建立开放、协同的金融交流合作体系。

（三）联防联治，在治理现代化中建好“防火墙”

2019 年是防范金融风险的攻坚战收官之年，要增强稳的定力，办好自己的事，力争从基本完成风险治标逐步向治本过渡，为港湾集聚发展提供清朗空间。

1. 抓处置

做好网贷风险处置是我们责无旁贷的政治任务，紧扣 6 月这一关键节点，科学划定机构退出时间表，强化日常监测，加强市区联动，加快推进处置工作。全面做好对机构的“三控”措施，稳妥及时做好处置工作。

2. 补短板

密切关注可能持续存在的潜在私募机构、企业融资和地方债务等的风险，探索构建系统性地方金融风险监管协作框架，健全重大事项决策、监管信息共享、风险防范处置等机制，弥补监管体制机制短板。强化日常风险监测与评估，优化金融风险“天罗地网”监测系统，完善市互联网金融风险监测平台功能，构建对“黑天鹅”和“灰犀牛”的分析、研判和预防机制。

3. 强基础

压实属地责任，强化领导包案，确保各类风险处置有力度又平稳。同时，密切关注各类涉众型投资利益全体人员的动态，全力防止串联集聚“维权”和个人极端事件发生。强化协作配合，在港湾主规划区加快构建上下协同、齐抓共管的工作格局。

（四）学考结合，在激发内生动力中做大“最优值”

全面贯彻新时代党的建设总要求，在党建引领下激发我市金融发展的新动力和新势能。

1. 更高标准加强政治建设

做深做实"钱塘江金融港湾党建联盟"，组织开展多层次多样化的主题教育活动，逐步提升联盟党组织的影响力、辐射面，争取实现对主要金融机构和人才组织的广覆盖。

2. 更深层次推进思想解放

积极抢占意识形态阵地，加强政策宣传和解读，开建杭州世界钱币博物馆，讲好老百姓听得懂的金融故事，及时回应社会关切的金融问题，在全社会营造支持金融改革发展的良好氛围。

3. 更大力度做优考评工作

围绕破解制约港湾发展的突出问题和关键环节，开展"重点项目攻坚年""营商环境建设年"等保障举措，加强港湾统筹、优化资源配置、提高综合承载能力，形成高质量发展的港湾集聚布局图。

4. 更实举措服务社会民生

继续开展金融服务实体经济大服务活动，组织港湾金融顾问团深入企业开展服务，及时总结一批可复制易操作的成功案例和有效做法，打造金融"三服务"的新样本、好口碑。

2019 年杭州国际金融科技中心建设工作报告

杭州市金融办

一年来，我办紧抓六部委在浙江开展金融科技应用试点机遇，在省地方金融监管局和人行杭中支的支持下，坚持高起点高标准高质量，以省会城市担当和“头雁”标准，加快建设杭州国际金融科技中心，围绕创新链、产业链、人才链、资金链、政策链“五链”集成，形成普惠型应用创新和赋能型平台构建“双轮驱动”，区块链、大数据征信、智能投顾等领域重大创新成果不断涌现，区块链头部企业数量居全国第 3 位，蚂蚁金服连续 3 年排名全球金融科技企业榜单冠军，金融科技中心指数稳居全球第一方阵。

一、2019 年工作总结

（一）聚力科技赋能、数字驱动，建设要素集聚的新高地

1. 不断强化“规划”与“功能”对接

牢牢把握金融科技“守正创新”这个发展核心要素，推进“腾笼换鸟”，把准金融科技前沿发展动态，省市一体制定发布《杭州国际金融科技中心建设专项规划》，统筹架构空间布局高水平、产业发展高层次、服务能力高品质的“一核一轴两路多点”体系。推进“筑巢引凤”，集中力量招引一子落而全盘活、牵一发而动全身的重大项目，牵手世界银行、中国互联网金融协会签约落户世界银行全球数字金融中心，筹建国内首家中外合资银行卡清算机构连通（杭州）技术有限公司，规划蚂蚁金服全球总部项目，通过在重大项目重要领域和关键环节上率先取得突破，提升国际影响力和示范引领效应。推进“全域联动”。市区联动共建共享，布局“一核”，围绕钱江新城二期，启动打造杭州金融城。发展“一轴”，

推动以西溪谷互联网金融小镇为代表的金融科技产业集聚平台建设，制定具体路线图、任务书和进度表，共同勾画核心技术、基础设施、集成应用等产业地图。

2. 不断强化“知本”与“资本”对接

狠抓主体升级，全面实施“凤凰行动”计划，以科创板开市运行为“突破口”，以重点拟上市企业培育认定为“助推器”，着力打好“企业培育、政策解读、资金扶持”等“组合拳”，率先实现与上交所签订战略合作协议、率先举办科创板政策解读会、率先推动企业冲入科创板首发阵容等“三个率先”，目前5家金融科技企业成功登陆科创板，1家企业顺利过会。狠抓资本助力，发挥创投机构集聚优势，2019年全市有超过50%的金融科技企业获得过一轮以上的融资，其中蚂蚁金服获得了140亿美元的全球最大单笔私募融资，趣链科技得到了国内最大规模区块链领域融资。

3. 不断强化“产业”与“市场”对接

聚焦产业化，筹建杭州金融科技产业联盟，牵头组织龙头企业蚂蚁金服，支付结算领域的连连支付、区块链金融领域的趣链科技、复杂美，大数据征信与风控领域的邦盛科技，智能投顾领域的恒生电子等及相关高校、研究机构，举办“智汇”论坛6次，探讨、研究产业集聚、发展和创新的路径，“一超多强”产业格局更加夯实。

聚焦理论化，联合《财经》杂志组建“中国金融硅谷——杭州样本”课题组，走访金融科技企业及产业园32家，编撰发行《迈向数字经济的杭州金融科技》，首次系统化、理论化梳理了产业现状、挑战和机遇，为打造国际金融科技中心奠定坚实基础。会同省公共政策研究院开展杭州金融科技创新应用案例征集，精选评审案例34个，制定编印《杭州市金融科技创新应用案例汇编》，构建可复制、可推广项目库。

聚焦市场化，抓住推进eWPT建设等机遇，对接蚂蚁金服技术实验室、中钞区块链技术研究院、趣链研究院等新兴机构，研发蚂蚁金服的跨境支付、趣链可信数字凭证、中钞区块链数字票据等策源性项目。

(二)聚力精准滴灌、畅通循环，激发经济发展的新动能

1. 推进金融科技与实体经济深度融合

牢牢把握金融科技“普惠民生”这一立业之本，精准抓住“人均创业密度全

国领先”趋势，以企业需求为导向，以解决“融资难”“融资贵”问题为抓手，以金融科技运用为突破口，打造了“杭州 e 融”金融综合服务平台，截至 2018 年底平台已入驻银行机构 46 家、担保机构 20 家，注册企业 34105 家，成功撮合融资供需 4577 笔，总授信金额 124.6 亿元，在相关工作汇报中，受到时任省委书记车俊肯定。推广网商银行“三分钟申贷、一秒钟放款、全程零人工介入”的数字普惠金融新模式，支持在杭金融传统机构开发推广“云抵贷”“税金贷”等线上微贷产品，为数字经济与新制造业高质量发展的“双引擎”注入源源不断的资本燃料。

2. 推进金融科技在传统金融机构的应用创新

支持“传统金融数字化、新兴金融科技化”转型，中国工商银行在杭探索设立金融科技中心，杭州银行成立国内首家城商行金融科技创新实验室，杭州联合银行完成全国首笔跨行同业区块链福费廷交易，浙商银行构建基于区块链应用的“全平台服务体系”。在杭保险机构利用大数据绘制“客户出险地图”，推出 e 键承保理赔服务，开展“智慧医疗理赔”试点等探索创新。蚂蚁金服配合人行、国家市场监督管理总局在杭州开展金融标准化研究，探索运用金融科技改造传统业务和拓展普惠金融服务标准化能力，并取得初步成效。

3. 推进“金融科技＋”在民生领域的运用

发挥全球“移动支付之城”优势，通过支持手机 Pay、二维码、无感支付、生物识别支付等多样化发展，形成了政务、医疗、交通、教育等多领域覆盖，手机支付生活缴费、线上信用还款、公交移动支付、地铁手机购票、高速人工车道移动支付等多项应用“全球首发”，其中支付宝日均支付超过 3 亿笔，活跃用户数超过 5 亿。

（三）聚力优化环境、防范风险，探索金融创新的新规律

1. 共建共享国际一流的营商环境

秉持“我负责阳光雨露、你负责茁壮成长”的服务理念，对标世行标准加快推进“最多跑一次”改革，全面实施“钱塘金融人才”专项引育工程，参与“人才生态 37 条”及意见的实施细则制定，推动获取国际“三类”金融资格证书奖励举措落地，支持金融科技企业人才纳入补贴范畴。创建“智库＋社会组织”的金融科技产业治理模式，为企业家和投资者营造最优环境、提供最好服务，杭州成为国

家首个金融服务标准落地城市。

2.协力打造高能级开放载体

响应国家“一带一路”倡议，把握城市国际化发展重要窗口期，鼓励本地金融科技企业出海运营，蚂蚁金服打通全球200多个国家和地区的支付渠道，支持27种货币结算，与9个国家和地区探索打造当地的电子钱包，推广运用中国的移动支付标准。同时，支持小微高成长性企业走向国际市场，第三方支付机构 pingpong 获得欧盟支付牌照。精心打造对外展示窗口，推动2019全球数字金融发展和治理研讨会、中国杭州金融科技峰会、国际金融人才发展论坛等国际标杆性峰会论坛落户，构建了与更多的国家和地区分享杭州技术、杭州经验和杭州机会的发展平台。

3.探索建立安全保障体系

坚决打赢防范金融风险攻坚战，运用金融科技手段参与构建省“天罗地网”风险监测系统，健全运用市互联网金融风险监测平台，稳妥果断对已出现的网络借贷、私募投融资风险、企业“两链”、非法集资等各类风险进行“精准拆弹”，切实阻断风险互相叠加传染的途径，坚决守牢不发生系统性、区域性金融风险的底线。

二、2020年工作思路

下一步将紧紧扣住打造国际新兴金融中心的决策部署，运用落实杭州国际金融科技中心规划，主动扛起推动金融科技高质量发展的主体责任，精准打好建设“一极一区一高地”的“关键招数”，全力输送数字经济与新制造业高质量发展的“双引擎”所需的资本燃料和金融动力。

(一)运用统筹思维抓好“一极一区一高地”建设

1.着力打造区域金融发展中强劲活跃的增长极

坚持跳出杭州看杭州、立足全局谋杭州，以国际国内金融中心城市为参照系，对标对表《杭州国际金融科技中心建设专项规划》，研究“支持金融科技发展‘高含金量’”的政策举措，继续推动蚂蚁金服全球总部规划建设，支持连通(杭州)技术有限公司开张运营,鼓励产业“单打冠军”“隐形冠军”做大做强,全面夯实面向世界、立足全国的“一超多强”格局。抓住区块链这一实现产业“弯道超车”的利器,推进蚂蚁金服研究院、中钞研究院等众多创新载体发展,在关键核心技术攻关等方面杀出一条血路,提升参与全球资源配置和竞争的能力。

2.着力创建国家级金融科技试验区

抢抓用好全国金融科技应用试点机遇,联动人行杭中支积极争取全国级金融科技试验区落户杭州。持续夯实“试验区”申报的基础条件,发挥世界银行、全国互金协会龙头引领作用,继续推动全球数字金融中心实体化运作并形成功能,鼓励招引国际性重大金融科技企业、项目和平台,力争形成集数字金融研究、人力资源储备、技术援助和教育培训为一体的发展体系。

3.构筑全球领先的移动支付应用示范高地

发挥移动支付之城优势,推动金融科技在实体经济、传统金融机构和民生领域的应用创新,推出更多“全球首发”产品。同时,把握城市国际化、长三角一体化发展等重要窗口叠加期,召开杭州国际金融科技中心峰会,力争打造成城市金名片,将杭州金融科技的经验和影响力共享到全球。鼓励支持金融科技机构出海运营,在海外设立办事机构、飞地孵化器,将杭州标准、杭州服务、杭州技术输向全球,逐步形成高能级开放载体。

(二)运用绣花功夫推进“规划图”变为“实景图”

1.赋能实体经济,保持产业“稳”增长

集省市合力争创国家级金融科技试验区,成立“杭州国际金融科技中心建设暨国家级金融科技试验区创建领导小组”,构建“政府部门、监管机构和龙头企业”联合会商机制,健全申报国家级试点的工作体系。联合人行杭中支向央总行申报“全国金融科技创新应用监管”试点,推动17个在杭的“省金融科技应用试点项目”落地实施。深入实施“融资畅通工程”,以杭州金融综合服务平台为全市金融科技应用总平台,引导金融科技企业围绕监管、征信、拨付、数据、交易等关键环节参与应用开发,全力推动蚂蚁金服参与“数字央行”建设,持续支持中钞区块链研究院与杭州银行合作开发基于区块链技术的开放金融服务项目,云象网络与浙江金融资产交易中心开发区块链金融产品发行审核系统,趣链科技与中国银联开发区块链可信数字凭证系统等项目落地实施。发挥多层次资本市场支持作用，联合市政府产业基金、社会资本发起设立杭州市金融科技产业发展投资基金。同时，深入实施“凤凰行动”计划，对拟上市金融科技企业、收购外地上市公司的金融科技企业，分层分类落实资金支持。

2. 聚焦产业创新，拓展发展“新”蓝海

构建国际一流的创新引领体系，坚持在“专项规划”基础上做加法，重点整合优先发展“一核一轴一路”（“一核”即钱江新城、钱江世纪城，“一轴”即城西科创大走廊，“一路”即西溪路）。启动西溪金融科技总部经济园一期建设，持续推动金融科技园区享受钱塘江金融港湾核心区及省、市级特色小镇扶持政策，择优认定金融科技产业集聚示范区。构建国际一流创新基础设施，全力推进蚂蚁金服全球总部项目建设，给予土地供给、审批建设、交通等环节“一事一议”政策支持，争取年内完工并投入使用。大力支持连通（杭州）技术服务有限公司申请央行颁发的银行卡清算行政许可并开业。招引工商银行金融科技研究中心落地。构建国际一流的产品发布平台，继续配合人总行、国家质量监督管理局在杭州开展金融标准化研究，主导制定金融科技领域的国际化标准。推动蚂蚁金服完善健康码功能，通过数字金融技术对疫情进行监测分析，为复工复产决策实施提供信息支持，并向全国乃至全球推广健康码应用。支持中钞区块链研究院深化国家外汇管理局跨境金融区块链服务平台应用开发，并做好 20 个省市试点扩大应用。构建国际一流的产业研究架构，推进产学研用深度合作，联合金融监管部门、金融机构评选年度“理论研究成果和应用创新场景”，并优先推荐金融科技应用试点。支持省金控、财通证券、浙商证券联合发起成立“天道金科”机构，致力于产业研究和园区建设。组织浙大互联网金融研究院开展杭州国际金融科技监管长效机制研究和对标国际中心城市研究。

3. 优化发展环境，做好保障“补”短板

补齐人才“高精尖缺”短板，联合市委人才办、市民卡公司开发杭州金融高端人才“e 卡通”，对高层次金融科技优秀人才提供生活、政务、家庭、赋能等多项绿色通道服务。深入实施“钱塘金才”计划，开展金融科技人才高峰建设行动，遴选 20 名领军型人才、100 名新锐型青年人才，建立杭州市金融科技人才英才库。补齐“创新策源”短板，联合经信、发改等部门，认定一批省市重点扶持金融科技企业名单。探索组建杭州金融科技发展联盟，集合金融科技领域重点企业、投融资机构及科研院所，汇聚信息安全、法律、财务、知识产权、人力资源等专业服务机构，为金融科技创业者和创业创新提供保障。补齐“国际合作”短板，推进世界银行全球数字金融中心实体化运作，搭建集数字金融研究、人力资源储备、技术援助和教育培训等为一体的数字金融领域知识共享与能力建设平台。积极推广全球数字金融中心合作模式，支持金融科技领军企业与国际知名机构合作在境外设立新兴金融组织。全力办好全球数字金融发展和治理研讨会，创新举办云上金融科技峰会等，持续扩大国际金融科技中心的影响力和辐射面。

(三)运用工匠精神夯实“热带雨林式”保障体系

1. 开展“全面全域”保障

在市级层面牵头制定加快打造杭州国际金融科技中心若干政策，整合现有涉金融科技产业扶持政策，明确实施单位，合力界定职责。推动重点区域因地制宜制定实施细化举措，建立产业扶持会商机制，形成政策扶持合力。

2. 开展“稳企助企”保障

纵深推进“最多跑一次”改革，对照世界银行营商环境指标，对标国际一流，建立服务金融科技企业常态化机制，完善规模以上金融科技企业联络员制度，每年抽调优秀干部进驻服务重点企业。推进全市统筹招商，建立金融科技招商信息共享形态，健全完善重点项目库和布局图。在重点区域建立示范服务点，协调市场监管、税务、统计等相关部门，对入驻企业开办全流程“一日办结”服务，真正实现“一件事”“跑一次”，为金融科技企业投资落户、开办经营、项目审批、与资本市场对接等环节提供优质服务。

3. 开展“先行先试”保障

在人总行统筹下开展金融科技创新应用监管试点，探索运用信息披露、社会监督等手段，规范金融科技创新监管流程，摸索更具穿透性、专业性的新型创新监管工具，参与构建中国版“监管沙箱”，着力营造健康开放的金融科技新生态。

(四)运用考核指挥棒突出“担当担责”意识

1. 把牢正确方向

坚定不移落实《金融科技(FinTech)发展规划(2019—2021 年)》精神，坚持

"守正创新、普惠民生、开放共赢、安全可控"的原则,确保杭州国际金融科技中心建设发展方向对头、行稳致远。

2. 锤炼过硬队伍

继续推进"金融服务实体经济"大服务项目,常态化开展"服务企业服务群众服务基层"活动,深化金融办系统金融科技服务能力提升工程,引导系统干部大兴学习之风、调查研究之风,弘扬专业精神、提高专业能力,争做产业创新的行家里手,有效做好发展和应对风险工作。

3. 推动比学赶超

建立常态化工作联动机制,组织金融科技重点建设区域开展互学互比互看,定期交流学习等方法,加强对重点工作、重点项目的统筹力度,不断优化资源配置,进而激发各建设主体的工作活力,确保高质量推进国际金融科技中心建设。

2019年钱江新城港湾核心区金融业发展报告

杭州市江干区金融办

一、2019年工作情况

为贯彻落实国家、省、市金融发展战略，积极响应杭州打造国际金融科技中心决策部署，切实发挥钱塘江金融港湾核心区在全省全市的引领示范作用，我区乘势而上、顺势而为，以钱江新城金融集聚区为核心建设杭州金融城。

（一）强化统筹谋划，启动建设杭州金融城

一是编制并发布了《建设杭州金融城打造金融科技先行区行动纲要》，搭建起建设杭州金融城的“四梁八柱”。二是举办杭州金融科技峰会暨杭州金融城启动活动、2019全球数字金融发展和治理研讨会暨全球数字金融中心启动仪式、2019中国大宗商品金融服务创新峰会等标志性活动，使区域金融产业发展氛围更加浓厚。三是举办“2019钱塘之星金融科技创业创新大赛”，引进培育下笔有神科技有限公司、华炳电子科技有限公司、怡联数字技术有限公司等优质创新型金融企业34家，为杭州金融城聚焦金融科技产业发展积蓄了后劲。四是完成杭州金融科技中心改造提升，打造“政产学研金介用”七位一体的金融科技创新平台。五是启动组建杭州金融城发展联盟，明确了联盟领导架构，打造杭州金融城金融产业集聚发展的“软实力”和“强生态”。

（二）强化协调对接，推动省市区多级联动发展

省市层面，积极向上争取金融产业新增税收部分切块分成政策落地，推动《杭州市人民政府关于加快推进钱塘江金融港湾建设　更好服务实体经济发展

的政策意见》(杭政函〔2018〕53 号)相关政策落到实处,以优质政策涵养我区金融产业税源,目前省地方金融监管局、省财政厅、省税务局已将杭州金融城范围内的全部金融机构数据向我区开放,明确了省、市持牌金融机构税收分成体制,并考虑以 2016 年度金融业税收新增部分作为基数,将持牌金融机构税收切块落地江干。

(三)强化补链强链,推进金融产业重大项目招引

澳门国际银行、湖州银行杭州分行等金融机构相继落户钱江新城,目前我区已集聚了 62 家省级以上持牌金融机构,总数位居全省前列;协同相关产业部门和街道成立金融产业链招商专班,积极吸引国际性、全国性、总部型金融机构及产业链上下游企业落户,世界银行全球数字金融中心、大普信用评级机构、中金浙江公司、市国资委下属杭州国佑资产运营有限公司等重点项目相继落户,丰富了金融产业生态要素;小米金融等重大区域性金融产业项目正在洽谈引进中。

(四)强化科技赋能,浓厚金融生态发展氛围

按照科技赋能金融服务工作思路,引进了“浙江省金融综合服务平台”“杭州 e 融”和杭州征信有限公司,截至目前省金融综合服务平台已完成授信累计超过 900 亿元,数据调用量超过 400 万次,涉及企业 27 万户;“杭州 e 融”累计撮合银企合作授信超 140 亿元,搭建起了市场主体信用体系和金融服务产品超市,服务全市中小微企业成长,切实缓解了企业融资难、融资贵、融资慢的问题。

(五)强化分类扶持,引导金融服务实体发展

联合上交所、普华永道、浙商证券等举办科创板培训班,江干区在全市率先出台《关于推动“凤凰行动”再升级、上市企业“再翻番”的实施意见》,推动企业上市四年翻番计划落实,培育、引导和服务一批企业利用多层次资本市场,滨江物业、如涵、嘉楠耘智等 3 家企业实现上市,2019 年度企业新上市数位居全市前列。

二、2020 年工作打算

下一步，我区将紧紧抓住杭州金融城作为杭州市唯一被纳入《长三角 G60 科创走廊建设方案》的金融产业平台上升为长三角一体化国家战略一部分的重大契机，勠力同心、真抓实干，努力将杭州金融城打造成为国内领先、具有国际影响力的金融科技产业集聚区，下一步重点做好以下几方面工作。

（一）实施平台建设工程

落实“三大举措”，切实加快杭州金融城建设。一是全力组建发展联盟。集聚辖区代表性金融机构，组建杭州金融城发展联盟，以及银行业、证券业、保险业、期货业、私募基金业、上市公司、金融研究机构、金融中介服务机构等行业分会，促进金融同业信息交流和业务合作，推进杭州金融城国际化交流和全球友城联盟建设，推动金融同业共同服务实体经济，营造金融同业生态和创新发展氛围。二是全力提升发展功能。加强与省银保监局、省证监局、市金融办等金融管理部门的沟通对接，积极争取金融产业新增税收切块政策落地，争取杭州金融城享受特色小镇政策，加快腾笼换鸟。加强持牌金融机构走访服务，加快有税源贡献的金融机构、投资机构及平台型项目的引进，精准招引金融产学研平台和行业协会组织，不断提升杭州金融城的金融服务功能。三是全力浓厚发展氛围。依托持牌金融机构集聚优势，发挥世界银行全球数字金融中心、“浙大AIF”、“绿金院”等研究机构作用，主办、承办或与辖区金融机构联办金融论坛活动，持续发布全球金融科技钱塘指数、绿色金融指数、浙江凤凰行动 50 指数等；举办钱塘之星全球金融科技大赛等赛事活动；加强对内对外合作交流，扩大杭州金融城在国际国内的影响力和辐射力。

（二）实施产业培育工程

深化“三项行动”，切实提升金融产业发展水平。一是深化“凤凰行动 2.0”。支持企业上市和上市企业发展，鼓励引进上市企业、拟上市企业以及优质上市公司资源；按照“培育一批、股改一批、上市一批”的思路，打造上市培育梯队；服务好清华长三院杭州分院、PRE-IPO产业园、启迪协信科技城、杭州金融科技中心等金融科技创新平台发展，全年力争实现企业境内外上市3家。二是深化金融产业链招商。招引税源型金融企业总部、财富管理机构总部、金融科技头部企业；鼓励金融机构开设独立法人的资管子公司、金融科技公司；鼓励央企国企、上市公司、知名民企等产业资本与银行、保险、投资基金等金融资本以产融结合方式设立的机构、平台、项目落地；推进金控平台、结算中心、融资租赁公司等产业金融高地建设。三是深化金融业人才招引。科学设置金融人才分类评定标准，开展金融人才评价激励，大力集聚国内外优秀金融人才，全年完成市D类以上金融人才申报2名；坚持对外招引和对内培养并重的原则，对新获得北美精算师(FSA)、特许金融分析师(CFA)、金融风险管理师(FRM)等国际通行金融资格证书的金融人才兑现补贴奖励，加快金融人才成长成才。

(三)实施融资畅通工程

打造“三大平台”，切实缓解企业“融资两难”。一是打造线上服务平台。开发“杭州金融城金融e家综合服务平台”，整合银行、保险、评级、担保、风投、互联网法院等资源，为中小微企业提供一篮子、多样化的融资解决方案，并完善政策发布及仲裁诉讼等线上服务功能。在全市率先推出金融政策兑现平台“亲清在线”的基础上，践行“最多跑一次”改革，优化拓展“亲清在线”平台金融服务模块应用，构建新型“亲清”政商关系，实现“让数字多跑路、让企业不跑腿”。二是打造线下对接平台。梳理“金融产品清单＋融资需求清单”两张清单，常态化组织银企对接。引导金融机构创新金融产品，降低融资门槛，推出专利贷、小微贷、人才贷、过桥贷、投贷联动等创新性融资产品，满足不同企业不同阶段融资需求。搭建市场主体信用体系和金融服务产品超市，以多样化金融服务助力中小微企业成长。三是打造融资担保平台。进一步做强做大中小企业担保公司，设立政策性转贷资金，拓展担保和再担保业务，协助对接银行和有关部门，进一步丰富业务门类。依法依规再造担保减免政策兑现流程，以“即时达”为目标，抓核心环节、定标准流程，实现担保业务完成之时即可兑现政策、到位补助资金。

2019年玉皇山南基金小镇建设工作报告

杭州市玉皇山南基金小镇管理委员会

2019年是新中国成立70周年，是决胜全面建成小康社会的关键之年。2019年以来，玉皇山南基金小镇紧扣区委区政府高质量建设"一流的国际化现代化城区"目标，以打造小镇2.0版本为核心，苦练内功，提升内涵，各项工作有序推进。截至12月末，小镇累计入驻金融机构2510家，总资产管理规模达11200亿元，全年实现税收23.01亿元，同比继续保持增长。

一、2019年工作推进情况

2019年全党自上而下开展"不忘初心、牢记使命"主题教育活动，小镇坚决贯彻落实中央部署，将主题教育贯穿始终，引领发展，与工作推进紧密结合，坚持招强引优与风险防控并举，服务优化与民生改善并重，改革创新与资源整合并进，完善金融生态链打造，全力助推高质量发展。

（一）强基固本，党建引领焕发"新活力"

夯实党建基础，打造红色阵地，深化人才服务，加强条线融合，引领全面发展。一是主题教育凝心聚力。"晨读、午学、夜思"集中学习、党课19次，赴小营红巷等实地学习4次，开展"有限空间"赢得"无限发展"等思想大讨论5次。完成"关于新形势下小镇招商工作的思考"等调研报告7篇，聚焦重点难题，探讨发展思路。对照党章党规深入剖析，认真检视问题，查找差距不足，列出整改清单，明确责任措施，提高主题教育实效。二是党建阵地激发活力。党群服务中心被市委党校、市委组织部授予杭州市红色现场教育基地，2019年共开办现场教学6场，授学310人次，接待各级团队25次，开展活动500余场。小镇总工会获评“省级模范职工之家”，创成“省级职工书屋”。“三联三领三服务”走访企业 70 家，“红色代办”329 次，召开民情恳谈会 3 次，主动领办电厂二宿舍树木修剪等民生项目。三是人才服务精准有力。发布金融人才管理改革试验区三年成果。组织重点企业参加上城高层次人才交流与项目合作大会，现场签约项目 2 个。梳理人才信息库，申报国千 4 人、省千 4 人、市“521”6 人，推荐海外人才使者 3 人、市杰出人才和杰出青年人才 3 人。敦和资管董事长施建军获评“杭州市劳动模范”荣誉称号。玉皇山南投资管理有限公司总经理胡镢文入选“新时代上城十大杰出青年”。四是廉政建设持续发力。以区巡察整改回头看为契机，巩固整改成果。结合“警示教育月”活动，通过清廉倡议、专题培训、风险排查、一把手说廉等举措，形成清正廉洁良好的政治生态。

(二)苦练内功，产业发展取得“新成效”

深化内涵，围绕“募、投、管、退”优化产业服务，提升核心竞争力、资本辐射力和品牌影响力。一是落地优质项目。国改发展双百基金、省文投集团、杭州战略新兴产业基金、蚂蚁金服旗下系列公司等 52 家企业落户。深交所杭州基地落地，填补省内交易所实体服务基地空白。二是深化风险防控。腾笼换鸟，源头把控金融风险，清理农金(浙江)资产管理有限公司、融海正金(杭州)投资管理有限公司、嘉实金融信息服务(杭州)有限公司等 295 家“僵尸”企业和潜在风险企业，入驻机构数量降至 2510 家。完善信息统计平台建设，加强风险监管。基金小镇“金融法庭”正式挂牌入驻，打造全国首个金融纠纷一站式化解平台。三是优化服务供给。举办“玉皇山南金融学院董秘班”“首席经济学家讲坛”活动，组织“全省金融办系统业务骨干知识更新培训班”等专业培训，举办“山南系列”活动 28 场，参会企业 1500 余家，总人数超过 4000 人。省政协委员会客厅围绕“发挥私募股权作用，助推民营企业高质量发展”等主题举办 7 期活动。四是响应重大战略。积极贯彻落实浙江省高质量、高水平参与“长三角一体化”国家战略。举办长三角特色小镇产业联盟成立大会，成为首批轮值主席单位。发起成立“浙江省长三角资本研究院”，助推浙江与长三角，尤其是上海之间金融、资本的深度融合。推进“金融小镇浙江行”“全国行”，与上海陆家嘴新兴金融产业园合作，搭建金融科技与量化私募的合作平台，累计引入中民投、景林、联创等上海优质投资机构共 71 家，在投上海优质项目 44 个，投资金额 23.31 亿元。抢抓省委、省政府谋划中国（浙江）自由贸易试验区 2.0 版契机，将小镇纳入联动创新区范围，完成《玉皇山南基金小镇融入浙江自贸试验区联动创新区研究报告》。五是发挥品牌效应。成功举办第五届全球私募基金西湖峰会，首次做到一级、二级市场全覆盖。玉皇山南投资管理有限公司入围中基协公布的第一批私募资产配置管理人名单。成功发行全国首支私募资产配置“山南云栖基金”。举办“2019 杭州国际少儿迷你马拉松”，承接 2019 全国双创周上城分会场、世界环境日外宾接待等重大活动，获评“最受欢迎基金小镇”“杭州新经济会议小镇”，全年共接待参观团 534 批次，10188 人次。

（三）攻坚克难，建设领域取得“新进展”

面对既有难题，进一步加大克难攻坚力度，项目前期、工程结算和安置办证等均取得一定进展。一是流程机制完善健全。制定“小额工程建设项目施工、勘察设计、监理等招投标管理办法”，成立工程联系变更领导小组，规范、细化工程联系单变更流程。二是重点工作有力推进。前期项目破题，三角地仓库地块确定出让方案，飞云江地铁站上盖物业完成收储前期工作。工程结算加速推进，91 个已竣工未结算工程项目中，已完成结算审计 74 个，财务决算批复 31 个，其中 2015 年 7 月 31 日前已竣工的 35 个工程建设项目中，已完成工程结算审计 30 个，财务决算批复 7 个。三是安置办证稳步开展。共办理不动产权证 399 套，其中馒头山项目市级房源 211 套、原项目调入市级房源 54 套、白塔公园项目房源 134 套。办理住户个人房产证农户 49 户 147 套证、居民 80 户 147 套证，完成 75 户核查、2 户遗留住户安置工作。四是民生项目助力发展。完成啤酒仓库零星修缮工程，解决塘北东区块地下室设备和部分墙体渗漏问题，有效保障企业装修进度和后续使用。实施小镇二期排水工程，彻底解决地势低洼、雨水天气排水困难问题。完成水澄路、浦玉路、引九路、安民街和海月北路等 5 条支小路提升改造工程，优化区域交通和人文环境，为周边企业和居民提供出行便利。

（四）深化管理，平安建设呈现“新风貌”

做深做细，加强综合治理，为稳定可持续发展提供坚强后盾，打造最优营商环境。一是安全生产亮点纷呈。建成全省特色小镇中首个微型消防站并投入使用,引进专业社会力量参与运营,24 小时值班值守。组建全区第一支由社会力量参与的应急先锋队,由入驻企业人员、南星街道玉皇山社区、白塔岭社区等的 47 名队员组成,增强区域安全监管力量。二是平安维稳保驾护航。成立信访工作领导小组,分级管理,责任到人,保障信访渠道畅通,共处理、反馈信访 80 件,其中市领导交办 1 件、区领导交办 3 件、领导信箱 5 件。积极化解信访积案,设立专门信访接待室,与重点人员面对面沟通 20 余次。三是劳动关系和谐稳定。主动防范建设工程拖欠农民工工资问题,落实"无欠薪"六项制度,全面排查摸底,拟定应急措施和预案。深入工程现场排查欠薪问题 8 次,督促工程总承包单位按时发放民工工资 9 次,书面发函通告和正式约谈重大欠薪风险单位和个人 2 次,未发生任何形式工程欠薪群体恶性事件。

二、2020 年工作思路

2020 年是"十三五"规划的收官之年,小镇的工作重点将继续按照中央关于推动供给侧结构性改革的重要部署,围绕打造"世界级基金小镇经典样板"的目标,抓好私募行业风险和小镇资金安全两大风险防控,加强"空间""产业""服务"三方面提质扩容,保存量、扩增量,实现从高速增长向高质量发展转变,构建募、投、管、退完整的私募金融生态圈。

(一)围绕一个目标

紧紧围绕金融供给侧结构性改革,落实新发展理念,因地制宜、创新驱动,以推进"金融产业生态圈"建设为中心,结合小镇产业特点和要素禀赋,构建完善全产业链服务体系,形成多元化、多层次叠加优势,全面提升小镇内涵,使小镇成为集聚发展资源要素、促进经济转型升级的"世界级基金小镇经典样板"。

(二)抓好两大风险防控

一是私募金融行业风险。持续完善小镇风险防控流程和常态化风险防控工作体系。建立机构评价机制,探索利用区块链技术开展风险防控工作,通过

“门槛式”管控把好企业入驻源头关，继续清退低效问题企业。整合金融办等监管部门及中基协等行业协会信息资源，优化健全小镇企业信息监管平台，建立入驻企业金融风险防控预警体系，实时掌握企业运营情况，对金融风险实行全方位动态跟踪监测。充分运用华东地区首家独立建制派出“金融法庭”以及全省首家金融法律服务中心，发挥法治功能，健全完善投资者保护体系，营造良好的金融环境。二是小镇资金平衡风险。由于项目前期进展缓慢、物业权证无法办理等因素影响，小镇在资金平衡和融资方面存在较大压力。从长远来看，因收入逐年递减、建设项目投入增加、还贷压力及财务成本巨大、隐形债化解任务重、银行融资要求高，未来5年内资金压力有增无减。为确保资金安全，提升小镇自我有机更新能力，一方面将加快土地出让进程，提高物业出租率，加大应收账款催缴力度，增加收入来源；另一方面将通过抵押、流贷、租赁等方式拓宽渠道融资，缓解资金压力，结合复兴路、飞云江路道路提升整治工程，发行政府债券。

（三）加强三方面提质扩容

一是空间提质扩容。近年来，小镇建设工作遇到巨大阻力，不仅要解决历史遗留问题，还需协调解决景区、铁路、玉皇村等的疑难杂症，空间拓展停滞不前。在未来空间拓展过程中，将立足现状，集中力量克难攻坚，按照难易先后次序一块一块把各组团项目落到实处，争取早日突破。2020年重点推进飞云江地铁上盖物业地块和三角地仓库地块两大项目，做好杭州市迎亚运道路整治保障工程，全面提升复兴路和飞云江路的交通通行和区域环境，着力优化空间，力争形成有效资产和合规物业。收官已竣工未结算工程的结算审计工作，分门别类突破办证问题，以合作共赢模式协调景区管委会调整规划事宜，助力小镇后续发展。二是产业提质扩容。继续招大引强，保持产业优势，重点做好存量企业服务、挖潜，尤其要发挥龙头企业的优质资源效应，以企引企，争取存量企业相关项目、子公司尽数落地小镇。丰富小镇金融业态，积极拓展增量，引入公募基金、银行理财子公司、信托公司等机构，完善产业链配套。积极向上争取放宽企业注册审批，推进在小镇开展金融投资类企业注册联审试点工作，加快联审进程，为企业运转提供便利。三是服务提质扩容。依托区位优势，积极融入长三角区域一体化发展，充分发挥协同发展的倍增效应，牵头组建长三角特色小镇产业联盟，发挥辐射带动作用。抢抓自贸区机遇，积极申报将小镇纳入联动创新区范围。提高金融开放与合作水平，以全球私募基金西湖峰会为载体，加强与国际机构、行业协会、学术组织等的互动交流，拓宽与纽约、伦敦、法兰克福、格林尼治等海外代表处实质性合作的广度和深度。深入开展"金融小镇浙江行""全国行"，积极发挥深交所杭州基地的作用，推进上市辅导，助力"凤凰行动"精准实施。依托长三角资本研究院开展产学研联动，举办浙港、浙沪资本对接活动，打造"之江论药""智观长三角"行业沙龙，发布长三角生物医药50强榜单等。充分整合现有资源，搭建产业服务平台，举办"山南系列""玉皇山南金融学院""走进上市公司"等年度活动不少于40场。着力提升"红色教育""智慧党建"品牌，融入杭州市红色教育线路，做好杭州市智慧党群中心试点工作，探索举办党建论坛等活动。精细化管理，制定"小镇物业导引"，整合配套、专属服务、业务须知、应急处置等信息，持续优化环境，做好垃圾分类，打造智慧低碳园区。

2019年运河财富小镇建设工作报告

杭州市运河财富小镇管理委员会

2019年，运河财富小镇主动融入钱塘江金融港湾建设，积极推进省级特色小镇创建，全力做好店小二式的全方位服务，为区域经济健康发展创造良好营商环境。

一、2019年工作总结

(一)工作亮点

(1)新引进金融企业24家，累计入驻金融企业422家，其中持牌金融机构40家，已在中基协登记私募基金管理人26家。

(2)实现营收96.71亿元，税收10.5亿元，税收亿元楼宇累计2幢，税收超千万企业累计6家，市级及以上高新企业累计2家。

(3)完成产业投资2.49亿元，其中特色产业投资、民间投资完成率均为100%。

(4)国家3A级景区创建通过验收。

(5)举办市级以上主题活动6场，金融财富联盟系列活动30场，市级(含)以上媒体刊登报道20次。

(二)工作举措

1.筹备年度考核迎检

9月26日省级特色小镇2018年度考核结果公布，小镇获良好评级，在115个参与考核的创建小镇中排名41位。一是进一步对照考核标准，对各项指标进行再梳理、再分解，逐项查找短板、分析原因，赴德清地理小镇学习已命名小镇业态布局、产业发展、管理办法等创建经验，集中力量全力迎检，明确考核支持配合部门和职责，争取好的指标多加分，弱的指标尽可能少失分。二是与省(市)发改、金融办、统计局加强沟通，及时掌握考核内容的变化，做好模拟自测。三是多次赴市旅委对接3A景区创建要求和注意事项，掌握评分细则和侧重点，11月初顺利通过验收。

2.提升特色产业集聚

积极应对互联网金融平台整治带来的负面影响，重新优化产业定位，调整招商目标对象。一是重点关注传统金融机构、产业引导基金等项目，集聚了银行、保险、证券以及浙科风投、中大期货、天安人寿、招行杭州分行信用卡部等金融企业，浙江省创业风险投资行业协会、省投融资协会、绿地集团全球企业服务平台、杭州中清合创等第三方专业平台。二是与浙江省金控投资管理有限公司签订合作协议，浙江省产业基金服务基地在小镇挂牌，对接其管理的政府产业引导基金，并在全省合作开展项目招商、活动举办等。三是在引进来的同时，与街道、企业积极走出去敲门招商，赴京走访远洋集团、英蓝集团、天安人寿等企业，成功加入中国商务区联盟，推荐杭州优良的营商环境，吸引外地企业来杭开设分支机构。

3.强化楼宇招商管理

一是核心区规划建设产业用房100万方，已投用重点项目5个，地上总建筑57.82万方，完善楼宇管理及产业监测系统，全面梳理重点楼宇入驻企业、可用面积、租赁价格、亩产效益等信息，实时掌握第一手资料。二是专门赴北京考察北京商务中心区、金融街，赴上海考察陆家嘴金融区，重点学习产业生态、招商服务、运营管理等先进经验，加快推进远洋国际中心、绿地中央广场等核心区楼宇招商，提升楼宇去化率。三是推进重点项目建设，凯宾斯基酒店、运河文化发布中心投用，胜利河锦鲤中心室内装修，英蓝国际金融中心主体结顶，八丈井、沈塘湾留用地开工，国美电器地块待出让，半道红留用地收储。

4.提供精准企业服务

一是搭建政企联动平台。以资源共享、合作共赢、政企联动、共谋发展为宗旨，成立小镇金融财富联盟，集合小镇内银行、保险、证券和规模金融企业，通过设立轮值主席单位，制定联盟章程，为小镇内、区内重点企业量身定制金融服务方案，群策群力打造小镇金融财富产业生态链。二是科学调整产业定位。根据经济形势、行业发展趋势，以加速龙头企业培育、提升产业集聚为目标，聘请德勤中国分析研究小镇产业定位，明确“1＋3＋3”产业布局。及时做好 2018 年扶持政策兑现，奖励浙科投资、永禧投资等 5 家企业共 53.92 万元，另外针对优质企业制定一企一策。三是践行“最多跑一次”改革。推出“主动办”服务，预先请企业按工商、税务要求准备材料，小镇工作人员上门取件，全程代办，加上工商、税务部门绿色直通车的配合，为企业大大节省办理时间。

5. 打响运营活动品牌

一是推出金融财富联盟系列活动。2019 年先后举办企业新春创享荟、走进杭钢半山基地考察交流、国际金融风险官培训、高层次人才政策对接会、双创周环保项目路演、金融小镇浙江行等 30 场专业活动，在浙江在线、浙江经视、杭州日报等市级（含）以上媒体刊登报道 20 次，小镇影响力有了较大提升。二是推出《运河会客厅》专题栏目。联合区委组织部、浙江经视共同打造宣传专题栏目——《运河会客厅》，共录制 6 期，专访拱墅区及小镇精英企业、人才，依托浙江经视人脉资源，积极引进浙商、青年企业家、创业人才落户拱墅，目前已在浙江经视播出 4 期节目。三是“小镇会客厅”全新亮相。整合小镇党群服务中心、游客服务中心、企业服务中心等功能，发挥“党建红五联”“运河金桥”等品牌效应，定期开展资本对接、项目路演、沙龙论坛、人才培训、文化交流等活动。

二、2020 年工作思路

2020 年，运河财富小镇将贯彻省、市关于特色小镇建设的各项要求，坚持科学定位，持续推进楼宇经济亩产效益，不断推进平台高质量发展。

（一）工作目标

1. 产业培育

依托“1＋3＋3”产业布局，以北京、上海、深圳、成都为重点招商区域，招引世界 500 强家族（私人）财富管理机构、投资机构，金融科技、数字文创产业头部企业，计划新引进企业 200 家，其中特色产业企业 20 家，重大项目 1 家，全年实现营收 50 亿元，常规税收 4 亿元。完成省市区三级特色小镇考核工作。

2. 楼宇招商

依托远洋国际中心、绿地中央广场等重点楼宇，建立楼宇管理系统、“金牌管理员”制度，动态更新监测，实现楼宇去化率 75%，税收亿元楼宇累计 3 幢，税收超千万元企业累计 7 家，市级及以上高新企业累计 4 家。

3. 平台运营

依托运河文化发布中心、凯宾斯基酒店、小镇客厅等商务配套，开展德勤中国交流会、与陆家嘴金融局的合作活动、与上高金合作举办的年度金融论坛等市级以上主题活动 6 场，以及金融财富联盟系列活动 20 场以上。

(二)产业定位

依托小镇核心产业，坚持“CBD＋特色小镇”双轮驱动，聚焦“1＋3＋3”产业布局：“1”——率先建立全国家族(私人)财富管理服务机构聚集地；“3”——持续升级数字金融、数字文创、商务服务三大现有产业；“3”——培育创新加速、高端医疗养护、教育服务三大新兴动能产业。

1. 率先建立全国家族(私人)财富管理服务机构聚集地

依托浙江民营经济发展活跃和家族企业众多的优势，聚焦国内新起步的家族财富管理需求，引进国内外家族(私人)财富管理机构标杆企业，积极对接德勤私人财富中国区浙江办公室项目，形成集聚效应，打造家族(私人)财富管理产业。

2. 升级三大现有产业

(1)数字金融，包括三类。①技术类金融科技：云计算、大数据、人工智能头部企业已在杭州其他区域布局(如未来科技城)，可重点招引区块链、物联网相关技术企业，代表企业如网录科技、北斗链、科大讯飞、浪潮集团等。②应用服务类科技：重点布局数字普惠金融、消费金融(如车贷)领域，引进互联网征信、互联网保险、智能投顾等企业。③金融资产增值服务：抓住外资资管加快布局中国及国内银行理财向大资管转型发展的窗口期，招引相关资管分支机构，同时聚集一批高端财富管理机构，代表企业如箴言世家、宜信财富。

(2)数字文创，立足产业链招商，主要包括两类。①数字娱乐、数字传媒、广播影视、高端展览等数字内容生产。②文创投资、中介服务、艺术培训等支持服务，代表企业包括中文在线、上海新文化传媒集团、北京保利国际拍卖有限公司、绘梦动画等。

(3)商务服务，主要为法律服务、会计审计服务、咨询与调查服务、人力资源服务、广告服务、知识产权服务等，代表企业包括京都律师事务所、正略钧策、安德普翰人力资源服务等。此举有助于完善小镇商业生态，其高端专业人力资源也将构成招引头部企业的人力基础。

3. 培育三大新兴动能

(1)创新加速主要指精品孵化器公司，可服务杭州浓厚的创业氛围。重视引进能为初创企业提供资本助力、资源共享、技术辅导等全方位服务与资源链接的孵化器，代表企业有腾讯众创空间、优客工场等。

(2)高端医疗养护以高收入人群(外籍人士、企业高管等)为目标客群，提供定制化专业医疗及健康管理服务，包括私人/外籍诊所、体检中心、月子会所、养老服务等。小镇的CBD形态及相对低廉的运营成本适宜高端医养机构发展，其目标市场可覆盖全杭州高端客群，先期主要服务拱墅区及周边高端商务人士，未来将逐步辐射大城北及整个杭州。代表企业如曜影医疗、和睦家医疗。

(3)教育服务聚焦在线教育及留学咨询服务。拱墅区拥有优质的教育资源，学生对于各类课外教育和留学游学咨询的需求十分旺盛，大多数此类教育机构均在商务区设立办事机构，代表企业如海风教育、松鼠AI智适应等。

(三)主要举措

1. 明确目标企业

在“1+3+3”产业门类中，根据企业投资的四大动力源，即高成长行业快速市场占领、头部企业渴望保持行业地位、获得融资急需扩大规模、贴近市场需求发展，小镇已委托专业咨询机构对700家企业按照投资动力源分析，并与小镇产业相匹配，寻找近期、中期可能投资的企业目录，作为小镇的重点招引目标，并形成各产业招商地图(重点城市)及企业图谱(近期招引对象)，提升小镇招商能级和成效。

2. 打造特色楼宇

(1)打造精品特色楼宇，根据不同楼宇特点，如远洋、绿地主推国内外家族

(私人)财富机构聚集区,英蓝主推国际金融文化聚集区,大兜路历史街区主推大运河文化旅游聚集区。

(2)建立运营楼宇联盟,小镇将对标学习中国CBD联盟各成员单位的先进经验,整合现有物业资源,因楼制宜,良性竞争,最大化发挥每个楼宇的优势,实现政府、楼宇业主、入驻企业多方共赢。

(3)用好“运河财富小镇楼宇管理系统”,建立“金牌管理员”制度,对楼宇物业定期组织区域规划、企业服务、政策优惠等培训活动。参考北京CBD,优化楼宇奖励政策,在考核亩产效益的同时,也注重考核年度增量,对物业适当制定激励机制。

3.坚持招大引强

(1)联合第三方招商,做好与中清合创等的委托招商工作,在产业投资、产业链项目招商、人才项目引进等方面拓宽平台视野,对接优质资源。

(2)加强与远洋等楼宇资源方联系,联合浙江经视等媒体,整合楼宇物业、产业政策、媒体传播三方资源,打造特色招商楼宇品牌,形成三方合力。

(3)推动以企引企工作,发挥金融财富联盟30余家在地企业的作用,突显联动优势、互补优势。继续开展招商小分队敲门招商活动。

4.强化政策引导

(1)拟率先在全国制定关于家族(私人)财富管理机构招引的专项政策,梳理目标机构名单,加快开展专项招商。

(2)用好“一企一策”,充分利用区域产业政策、税收政策、人才政策等,对符合区域产业定位的龙头企业、高端人才项目制定“一企一策”。

(3)适时推动建立产业引导基金,加强与省金控集团、省创业风险投资协会合作,发挥资本撬动作用,重点培育科技金融、高新技术、高端装备、智能制造、现代服务业等优质产业。

5.释放平台活力

(1)用好运河文化发布中心主平台,定期举办产业论坛、讲座、展会等活动,吸引行业知名人士现场交流互动,凝聚创业氛围。

(2)用好“才汇运河”品牌,坚持项目带人才、人才带项目模式,依托龙头企业集聚人才资源,为人才落户提供充沛的承载平台和健全的服务保障。

(3)创新金融人才引进模式,力争引进上金所等国内一流金融研究院落户,开展专业研究、活动,推动小镇企业与大专院校、科研院所开展产学研合作,持续拓展招引载体。

6.强化专业运营

(1)强化跨区域合作,小镇将积极与北京CBD管委会、金融街控股、上海陆家嘴金融区加强战略合作,建立常态对接机制,强化跨区域资源合作,助力区域产业发展。

(2)提升现有招商运营队伍的专业能力,引进知名招商运营管理服务商合作,建立国际化的招商运营平台,整合行业资源,提升服务品质,如北京金融街的金融街控股、金融街服务中心有限公司,组织模式采用政府主导、企业实施、政策支持、市场运作的方式,让区域招商运营更加市场化、专业化,有利于完善产业链结构,加强产业上下游互动交流,促进产业快速集聚和规模壮大。

2019年西溪谷互联网金融小镇建设工作报告

杭州市西溪谷建设发展管理委员会

2019年，西溪谷管委会紧紧围绕区委九届六次、九届七次全会精神，以打造国际金融中心为目标，根据《西溪谷暨留下古镇三年攻坚行动实施方案》，着眼九大攻坚行动，整合力量，落实措施，全力推进征地动迁、项目建设、产业培育和小镇创建等工作。

一、2019年工作总结

(一)推进征迁做地

2019年西溪谷根据攻坚行动方案，集中力量开展了征迁做地工作，累计完成出让大宅院地块、园林汽修地块、报先坞地块、花坞果园地块、园林苗圃地块等7宗共193亩土地，完成土地出让金31.57亿元；推进了青春宝、国防疗养院等地块的征迁谈判，其中青春宝地块已完成战略协议签订和总部大楼拿地，可在2021年前完成企业搬迁；国防疗养院地块、爱知车辆厂地块正在推进地块控规调整工作。

(二)抓好项目建设

西溪谷现有8个项目约100多万方楼宇在建，目前银都新座、天目里、网商银行3个项目正稳步推进，浙江电影科技城正在加快前期手续办理。同时，基础设施建设方面完成了西溪路(玉古路—天目山路)9公里智慧交通工程，启动了13条支小路建设，其中浙创路(溪岳路—花坞路)、花坞果园规划支路等3条支小路将在年底前完工。

(三)加快产业发展

2019年,西溪谷依托土地出让和浙商创投大厦、桃源坞基金小坞、区块链产业园、浙大科技园区等平台打造开展招商。截至2019年末,累计新增各类企业200多家,有吉利集团投资的瑞途汽车、一汽集团控股的一汽智行等项目;累计完成浙商创业创新项目3个,实现省外到资2.8亿元,完成全年计划(2.5亿元)的112%;实际利用外资800万美元,完成全年计划(800万美元)的100%;全年小镇财政收入45.4亿元,增幅超过25%。

(四)筹备小镇命名

围绕小镇创建命名工作,一是推进小镇城市客厅建设,现已完成装饰工程和数字多媒体工程,计划年底前完成建设并投入使用。二是开展4A级旅游景区创建。景区创建涉及的导视系统和智慧旅游系统已完成工程招标,计划年底前启动建设,为2020年景区创建做好准备。

二、2020年工作思路

2020年,西溪谷将对西溪谷区域产业发展定位做进一步研究,利用好省市特色小镇、钱塘江金融港湾和我区相关配套政策,力争实现区域财政总收入突破75亿元,实际利用外资超800万美元,特色产业营业额超480亿元。

(一)加快征迁,拓展发展空间

目前,西溪谷正在推进14宗共527亩用地的征迁做地工作。2020年,我们将集中力量推进青春宝、国防疗养院、爱知车辆厂等6宗295亩土地的征迁做地工作,其中爱知车辆厂地块和国防疗养院地块、天堂伞南地块、海聚电器地块4宗92.5亩用地完成收储,航天通信地块(24.6亩)项目完成前期手续办理,青春宝地块170亩用地完成控规调整,争取2021年6月前完成搬迁,进一步拓展西溪谷的发展空间。

(二)抓好建设,增强发展潜力

2020 年,西溪谷将确保在重点项目建设、基础设施完善和提升改造方面有新进展。

1. 抓好项目建设

加强与 2019 年 6 家拿地单位——南都物业(园林汽修地块)、星开实业(花坞果园 10 地块)、星合置业(花坞果园 08 地块)、浙江海滨建设(大宅院地块)、青春宝(园林苗圃 26、27 地块)、赛丽(报先坞地块)的沟通,确保以上项目建设手续按期办理,产业定位与西溪谷发展目标保持一致。其中星月项目、青春宝项目要实现开工,新增开工楼宇面积 22 万方。在建项目中,要确保蚂蚁金服总部项目、天目里、银都新座等 3 个项目 59 万方楼宇建成并投入使用。

2. 推进基础完善

一是力争 2020 年上半年完成阿里人行天桥项目建设,完成溪龙路等 8 个支小路项目建设,推进浙创路(紫金港路—紫荆花路)等 8 条支小路前期手续办理,加快优化区域交通条件。二是完成小镇景区指示系统和智慧旅游系统建设,做好 4A 级旅游景区创建,优化区域环境。

3. 开展提升改造

根据产业发展的实际需要,我们计划对西溪谷控规进行适当调整,争取增加科研和工业用地,推进与杭照所、化工研究院等单位的合作开发,增强产业项目引进的灵活性。

4. 推进留下古镇建设

配合留下街道推进留下古镇的规划完善和建设工作,加强区域历史文化的挖掘整合和宣传,通过古镇建设,提升区域整体形象和对外吸引力。

(三)做强平台,打造核心产业

坚持外引内育的思路,通过走出去,引进国内外优质高新技术研发和金融科技等项目;通过内部扶持,培育优质潜力项目。在具体工作中,我们将做好与蚂蚁系、浙大系、浙商系等龙头企业的对接,错位发展特色业态,形成多平台发展格局。一是加快蚂蚁金服全球总部打造。积极与蚂蚁金服沟通,加快蚂蚁金服总部项目投入使用，做好刷脸智能、完美数联、友宝科技、天谷信息等蚂蚁投资和关联性项目的引进与服务工作。二是抓好智能制造专业化众创空间打造。在现有浙大科技园孵化园的基础上，加强与浙江大学、浙江大学科技园管委会的协调沟通，加快云深处、摩兽科技、银轮科技、瑞途汽车等项目的做大做强，实现区域在智能制造、人工智能等高新技术产业上的发展。三是做大做强金融科技产业园。以西溪金谷金融科技社区打造为依托，力争引进商品溯源、多方安全计算和浙江硕跃信科等蚂蚁系区块链项目以及大数据、云计算金融服务、人工智能投顾等业态。四是打造新商业集聚地。依托天目里、珀莱雅等楼宇，在区域打造集艺术空间、实验剧场、买手百货、设计酒店、独特商业集合等多元业态为一体的新概念综合体，形成有区域特色的新商业配套服务。

（四）深化服务，抓好营商环境

2020年，我们将在安商稳商上下功夫，抓好营商环境建设。一是强化企业走访。根据“千名干部走千家企业”活动要求，围绕行业重点企业、总部企业和各类创新创业企业等开展上门走访活动，了解企业经营发展中的问题和诉求，对问题进行分层、分类、分责落实解决。二是抓好项目建设服务。针对用地的重点项目，我们将组建项目建设小分队，做好从项目意向落户到建成运营的跟踪服务机制，实时协调项目建设过程中的问题，推动项目早竣工、早投产。三是完善配套服务。进一步做好西溪谷城市客厅建设，力争完善核心产业发展政策，健全各类配套服务，打造项目注册、政策咨询、信息交流、产品展示的一体化服务平台，全面提升西溪谷的营商环境。

2019年湘湖金融小镇建设工作报告

杭州市湘湖金融小镇管理委员会

2015年萧山区委区政府在湘湖国家旅游度假区规划建设湘湖金融小镇，重点布局上市公司投融资总部、大型企业直投机构、产业基金和私募基金，打造全国第一流的生态型金融特色产业集聚区。2016年省委省政府发布《钱塘江金融港湾发展规划》，湘湖金融小镇成为核心区“1＋X”重点发展类金融特色小镇。2017年9月，湘湖金融小镇被列入第三批省级特色创建类小镇。2017年11月底，浙江发布大湾区建设路线图，萧山成为杭州湾区建设的主阵地，而湘湖金融小镇也成为推动萧山金融集聚区建设的重要平台。

一、小镇建设成效

萧山区委区政府高度重视小镇创建工作，经过两年的发展，目前湘湖金融小镇发展情况良好。湘湖金融小镇从“筑巢引凤”到“集凤筑巢”，呈现经济数据曲线上扬的产业集聚。截至2019年末，共引进以鼎晖投资、红杉资本、浙商创投、浙商证券、凯银投资、天堂硅谷、赛伯乐投资、阿米巴资本为代表的类金融机构900余家，管理基金596支，管理规模超过3400亿元。投资总额约为37亿元，现已投入27亿元，特色产业投资比例达80％以上，陆续完成了小镇3.5平方公里规划布局、区域性环境评价、景区创建等工作。

湘湖金融小镇围绕“金融＋产业”定位，做好生态、生产、生活“三生融合”文章。小镇和国信证券合作成立投教基地，为投资者提供宣传教育及专业服务。小镇商业配套慢生活街区于2019年7月14日正式开街。小镇一直致力于构建高端资源“朋友圈”和创新创业“生态圈”，定期举办科创论坛、“湘湖私募分享会”、“in湘湖大讲堂”等品牌活动，形成了“共创、共融、共未来”的良好局面。

两年来，湘湖金融小镇始终以创新驱动为引领，打造集约高效的生产空间。持续扇动资本、项目、人才、产业等要素的“翅膀”，集结载体力量，整合创新资源，举办各类圈层活动，联合小镇企业搭建产融平台，进一步扩大小镇的圈层构建，初步形成品牌影响力。连续被授牌为“全国绿色产业与金融创新基地”“中国数字金融50人论坛永久会址”“浙江大学互联网金融学院在职研究生部”“双创基地”“萧然学子联盟成长基地”，并且被列入“萧山区银企党建联盟名单”。

湘湖金融小镇从一开始就植根于湘湖的文化、旅游、休闲产业。为了在小镇实现工作的“快”与生活的“慢”这对矛盾体共生共融，让所有工作生活在小镇的人能够安居乐业，享受美好的生活，一条集城市观光、整体商务、休闲娱乐、美食餐饮、时尚小资、生态居住为一体的慢生活街应运而生，这是全国第一条数字化改造率百分之百的阿里巴巴口碑本地生活新零售示范街，全国第一条位于国家级旅游度假区的金融步行街。2019年12月11日，根据《浙江省推动高品质步行街建设实施方案》，经专家组评审，湘湖慢生活街被列入省级高品质步行街培育名单。

在“最多跑一次”的大背景下，小镇在服务方面不断深化改革。专业的运营团队为企业提供全方位、宽领域、高质量的服务，从招商到企业落户、入驻提供全程代办服务，并搭建网上平台，企业的资料提交、申请、入驻，都可在网上办理，实现“办事不出小镇”。小镇还设立了金融服务商联盟，实现了平台资源、人才智力、科技信息、生态环境等的互补共享。

小镇会客厅作为对外展示窗口，展示湘湖人文历史、小镇定位、企业形象。2018年全年接待政府和企业考察团超过90批次，2019年接待数量超过80批次，其中包括中国旅游集团有限公司总经理杜江，省委常委、统战部部长熊建平，省人大、省发改局，市政府参事室，上海市奉贤区党政考察团，韩国京畿道政府考察团等。

二、2020年小镇发展计划

(一)规划优化调整

根据省政府关于特色小镇的相关要求和指导意见，湘湖金融小镇在进行具体研究和分析后，结合现有资源禀赋及优劣分析，提出规划优化调整：划出风情大道东侧用地0.92平方公里和眉山路西侧地块0.22平方公里，划入西北侧用地1.45平方公里。调整后四至范围为东至风情大道，南至亚太路，西至定山广场，北至湘湖路，规划面积3.92平方公里。该方案的调整除继续保持金融产业主导地位不变外，将进一步引入知名旅游项目并结合现有文化设施，使金融小镇的整体用地布局更加完善，规划范围更加规整，产业布点更加丰富，行政管理得以统一，农保问题得以解决，景观优势更加凸显。

(二)继续加强招商引资工作，加快企业入驻

一是重点抓紧洽谈汉嘉投资、天堂硅谷、苏泊尔集团等入驻湘湖金融小镇。二是通过招商运营团队的专业力量，引入知名基金公司。三是开展大型金融活动，以金融创业大赛、金融论坛等活动提高湘湖金融小镇的知名度、影响力，吸引优质金融、文化、旅游类企业。四是按照入驻条件，严格准入，满足符合条件的金融机构的办公需求，大力吸引有税收贡献、有较大规模及影响力的金融企业进驻办公。

(三)推进配套、服务项目建设

进一步完善湘湖金融小镇办事服务中心的便民办事功能，计划设立工商注册、税务申报、政策咨询、财务代理等专职人员。同时着力推进小镇服务平台建设，打造小镇商务服务平台、人力资源平台、营销推广平台、生活服务平台和政策咨询平台。

2019 年黄公望金融小镇建设工作报告

杭州市黄公望金融小镇管理委员会

黄公望金融小镇是根据浙江省钱塘江金融港湾总体规划建设要求，依托富阳黄公望区块独特自然环境和高端配套优势，吸引和推动私募股权投资基金集聚发展的金融小镇。2019 年，在省、市政府及区委区政府的大力支持下，小镇的各项工作按计划推进。现将黄公望金融小镇 2019 年的工作情况和 2020 年的工作计划汇报如下。

一、2019 年小镇创建情况

(一)项目建设推进情况

编制完成《黄公望金融小镇三年行动计划》，小镇核心区块按金融办公集聚区、金融研修院、村庄改造及配套道路等四个项目推进。其中，金融办公集聚区项目总用地面积 162 亩，总建筑面积 7.1 万方，目前已完成规划方案设计、征地拆迁、土地预审和可研批复等前期工作，正在报杭州市拥江办审批；金融研修院项目总用地面积 103 亩，总建筑面积 2.7 万方，目前已完成规划设计方案，正在开展项目前期工作，拟于近期报区规委会讨论研究；村庄改造项目已完成规划设计方案和实施方案，报区委区政府审定后组织实施；区域内核心区块配套道路、配水泵站和污水管网改造工程均于 2019 年开工建设，至年底已完成投资 0.48 亿元。

(二)招商引资落地情况

2019 年小镇完成金融特色产业税收 1.55 亿元。全省清理整顿互联网金融(P2P),严控投资类机构工商注册,这对金融小镇机构引入和税收入库造成了一定的影响。至2019年底,黄公望金融小镇已注册基金和基金管理公司1037家,注册规模达到4997亿元。其中,基金管理公司296家,注册资金204亿元,基金公司(合伙企业)741家,注册资金4793亿元。相比2018年,小镇注册资金全年新增139亿元,2019年新引进10亿元以上基金共2支,分别为金研资本28亿元和海尔金控10亿元基金,同时引进金融高层次人才3人。小镇为进一步缩短政策兑现周期,出台《华融黄公望金融小镇政策兑现实施细则(试行)》,年度政策兑现资金达5400多万元。

(三)活动开展与形象推广

2019年4月,小镇联合区金融办成功举办了第十一届中华创投家论坛活动并做了推介。论坛邀请了来自国家发改委宏观经济研究院、上海证券交易所、投中研究部、中金公司等机构的知名经济学家和业界领袖做主题演讲及观点分享。活动吸引了业内多地300多名精英齐聚富阳,使黄公望金融小镇的品牌和知名度进一步提升。同时,小镇与所在街道、社区联合开展业务品牌、金融风险防范等宣传活动7次,发放宣传资料、调查问卷2万多册(页),在入驻企业和周边群众中达到了较好的宣传效果。

(四)不断提升服务品质

按照省、市进一步深化"最多跑一次"改革的要求,区"最多跑一次"改革专题组办公室发布《深化杭州市富阳区黄公望金融小镇"最多跑一次"改革方案》,2019年小镇进一步完善标准化服务流程,在为企业提供注册、变更全程代办服务的基础上,经区政府和区行政服务中心的大力支持,实现企业开办"一窗进出、一套材料、一次采集、一日办结"。同时,政府买单首套四颗章(公章、法人章、财务章、发票专用章)、一个盘(税控盘),真正达成"开户企业零成本",做到入驻企业办事不出镇少跑路,小镇在工商、税务、银行、人才落户、年检服务以及疑难问题处理等多个环节为企业提供便利。

(五)加强监管与风险防控力度

小镇在金融风险防范方面,始终筑牢防控体系。在招商引资过程中执行风险防控标准化问答流程，深入了解入驻机构的股东结构、资金来源、运作模式、投资方向等基本信息，综合研判入驻基金的风险程度；同时加强后续监管，通过与银行、经侦、市场监管等部门合作，对私募股权投资机构的资金流向、投资行为进行监控，截至2019年底，小镇未发生相关金融风险案件。

二、2020年工作计划

(一)进一步加快项目建设

一是进一步完善小镇启动区块配套设施，吸引优质基金公司实际入驻办公，提升小镇人气；二是加快小镇核心区块项目前期工作，明确小镇建设模式，争取2020年启动核心区块项目建设；三是继续加强与浙江钱塘江金融研修院的对接，在通过市拥江办审批的基础上，尽快完成项目审批和土地出让工作，优先启动金研院项目建设。

(二)进一步强化招商引资

一是继续加强与国有企业、上市公司、大型私募基金的对接，吸引更多知名机构入驻小镇，力争2020年基金管理规模有新的突破；二是组建产业引导基金，与小镇基金公司合作，利用基金资源引进或者培育产业项目，改善我区产业结构；三是加强产业链招商，充分利用小镇基金资源，吸引基金投资的产业项目落户我区；四是进一步深化与华融的合作，依托华融寻找合作方，使华融深度参与小镇的建设发展。

(三)进一步强化宣传推介

2020年，小镇将继续加大宣传力度，一是利用富春山水文化优势，举办一次国际(海峡两岸)知名的学术交流论坛，提高黄公望金融小镇的影响力；二是分别在北京、上海、深圳等地举办小镇推介会，进一步提升小镇在全国一线城市的知名度，吸引更多知名机构入驻小镇；三是在《上海证券报》《金融家》杂志等全国知名金融类报纸期刊进行适度宣传，进一步提高小镇在业界的知名度。

(四)进一步强化金融监管

小镇将紧紧围绕防范与化解金融风险工作，筑牢立体式金融监管体系，严格穿透审查制度、关联企业风控评估制度、动态跟踪服务机制等，做到全面排查，源头防范，合规引导，后续跟踪，实现金融风险“事前、事中、事后”监管的全覆盖。

政 策 篇

中国人民银行杭州中心支行关于全力做好抗灾救灾金融服务工作的通知

杭银发〔2019〕106 号

中国人民银行各市中心支行、杭州市辖各支行，各政策性银行浙江省分行，各国有商业银行浙江省分行，浙商银行，浙江省农村信用社联合社，交通银行浙江省分行，各股份制商业银行杭州分行，邮政储蓄银行浙江省分行，杭州银行，浙江网商银行，各城市商业银行杭州分行，杭州联合银行，各外资银行杭州分行，在杭各保险机构，中国银联浙江分公司，各法人支付机构，各支付机构在杭分公司：

今年第 9 号超强台风“利奇马”风力超强、雨量超大、范围超广、时间超长、破坏力超大，是 1956 年以来登陆我省综合致灾强度最高的台风。当前，抗灾救灾和灾后重建任务急重。为贯彻落实省委省政府工作部署，全力做好抗灾救灾金融服务工作，确保金融平稳运行，维护灾区经济社会稳定，现就有关事项通知如下。

一是要高度重视抗灾救灾工作。各级人民银行、各金融机构要把抗灾救灾作为当前重要而紧迫的任务，作为检验“不忘初心、牢记使命”主题教育和“三服务”活动成效的具体行动，真抓实干，切实解决问题。领导干部要靠前指挥，明确任务、责任到人。全省金融系统广大干部职工要心系群众、坚守岗位，切实做好本职工作。

二是要全力保障救灾信贷资金供应。各级人民银行要结合辖区救灾资金需求，强化央行资金保障，对抗灾救灾资金不足且符合条件的金融机构，及时给予再贷款再贴现支持。各金融机构要上下联动，强化信贷资金对受灾地区的倾斜，重点加大对农田水利、基础设施修复、救灾物资生产、鲜活农产品生产运输和新农村建设等的信贷投入力度，确保抗灾救灾信贷资金及时供应到位。

三是要提升救灾金融服务水平。各金融机构要急事急办、特事特办，建立信贷审批绿色通道，简化审批流程，提高放贷效率。要积极实行优惠利率，让利灾区企业和农户。对受灾损失造成暂时性还贷困难的企业和农户，要视情况采取贷款展期、分期还款等方式，减轻其还款压力，不得随意抽贷、压贷。保险机构要开通快速理赔通道，加快勘查定损和组织施救，积极做好理赔、定损，应赔尽赔，及时支付保险赔款。要大力推广手机支付、二维码、生物识别支付等移动支付方式应用，满足灾区企业和群众的金融和生活支付需求。

四是要确保救灾资金及时拨付到位。各级国库要主动加强与财政、银行三方应急联络，及时了解救灾资金拨付需求，开通救灾资金汇划“绿色通道”，24小时安排人员处理，确保财政资金第一时间拨付到位。各金融机构要积极提供快捷优惠的支付服务，保障相关救灾捐助资金安全及时到位。

五是要切实保障现金供应。各级人民银行要持续关注台风对辖内发行库和现金供应的后续和次生影响，及时修复发行库受损设施，灵活组织发行基金调拨，保证现金供应正常运转。各金融机构要全力做好现金调拨，切实做好灾区营业网点现金供应、灾损币兑换的金融服务工作，想方设法保障受灾群众各类业务需求。

六是保持金融服务基础设施和业务系统稳定运行。各级人民银行要加强对各类支付清算系统、会计核算系统、国库系统、征信系统等重要业务系统的管理和巡查，确保各类系统安全稳健运行。各金融机构要加强营业网点、ATM、自助银行、银行卡助农服务点等设施设备的维护和管理，保持各项业务平稳运行。要提供便捷、快速的支付清算服务，确保救灾款项第一时间到达指定收款人账户。

请省内人民银行分支机构将本通知速转发至辖内县(市、区)支行及相关金融机构，并认真协调组织贯彻落实工作。

中国人民银行杭州中心支行
2019年8月13日

中国人民银行杭州中心支行　浙江省科学技术厅　浙江省商务厅　浙江省市场监督管理局　浙江省地方金融监督管理局　中国银行保险监督管理委员会浙江监管局关于印发《浙江移动支付之省建设工作方案（2019—2022 年）》的通知

杭银发〔2019〕112 号

各市、县（市、区）人民政府，省级有关单位：

经省政府同意，中国人民银行杭州中心支行、浙江省科学技术厅、浙江省商务厅、浙江省市场监督管理局、浙江省地方金融监督管理局、浙江银行保险监督管理委员会浙江监管局联合制定了《浙江移动支付之省建设工作方案（2019—2022 年）》，现予以印发，请认真贯彻落实。

附件：浙江移动支付之省建设工作方案（2019—2022 年）

中国人民银行杭州中心支行　　浙江省科学技术厅

浙江省商务厅　　浙江省市场监督管理局

浙江省地方金融监督管理局　中国银行保险监督管理委员会浙江监管局

2019 年 6 月 25 日

附件

浙江移动支付之省建设工作方案（2019—2022年）

为全面贯彻落实省委、省政府实施数字经济“一号工程”，推动国家数字经济示范省建设，大力发展全省移动支付产业，服务经济金融和社会民生，特制定本工作方案。

一、总体要求

（一）指导思想

以习近平新时代中国特色社会主义思想为指导，认真贯彻党的十九大和省第十四次党代会、省委十四届二次全会精神，紧密围绕“五位一体”“四个全面”布局和数字经济“三区三中心”建设，全面落实新发展理念，坚持“支付为民”宗旨，聚焦聚力高品质、竞争力、现代化，大力发展移动支付，突出稳基础、勇创新、保安全，着力构建线上线下融合、境内境外联动的产业发展格局，加快建设引领全国、具有全球影响力的“移动支付之省”，打造新时代浙江经济社会发展的金名片，为浙江实现“两个高水平”目标和数字经济发展提供坚实的金融基础服务。

（二）基本原则

1.政企协同，有效发展

正确处理好政府和市场的关系，一方面，充分发挥银行机构、非银行支付机构、银行卡清算机构的市场主体作用，加快金融基础设施建设、产品和模式创新、全球化步伐，不断推进移动支付应用和产业升级；另一方面，充分发挥政府在监管和服务方面的作用，以“最多跑一次改革”驱动，营造开放、公平、多元的市场环境，激发市场主体的创新活力。

2.守正创新，共同发展

将服务实体经济、改善社会民生作为移动支付发展、创新的着力点，合理把握创新和安全的关系，以创新促发展，使移动支付发展、创新更具生命力。充分发挥银行机构的支付市场主导地位和全能作用，以及非银行支付机构在技术创新、客户体验等方面的优势，鼓励二者取长补短、共赢发展。

3.兼顾差异，普惠发展

立足地区经济和文化差异，在尊重现金支付的基础上，大力推动移动支付业务应用。充分利用移动支付赋能金融服务，不断延伸服务半径，进一步提升长尾客群支付服务的可得性，拓展服务的广度和深度，便利城乡居民，助力乡村振兴和金融普惠。

4.防控风险，有序发展

坚持稳字当头，在推动移动支付发展过程中，把防范和化解风险摆在重要位置，加强业务监管，维护市场秩序，确保支付体系平稳运行。督促各支付市场主体严守支付安全底线，规范业务行为，完善风险防控措施，为浙江省移动支付高质量发展保驾护航。

(三)发展目标

到 2022 年，移动支付成为全省零售支付的主要方式之一，交易笔数、交易金额位居全国前列，实现全省城市全面覆盖、县域基本覆盖，移动支付技术和模式辐射全球，全国领先的移动支付之省基本建成。

——业务规模全国居前。2019—2022 年，全省移动支付交易笔数、交易金额年均增长 30%以上，居于全国前列；到 2022 年，全省移动支付活跃用户达到 5000 万以上，人口覆盖率达到 90%以上。

——行业领域全面覆盖。到 2022 年，移动支付全面覆盖交通医疗、市政公用、政务服务、商贸旅游、校企园区等社会服务领域和经济领域。

——城乡居民实现普惠。到 2022 年，移动支付实现全省城市全覆盖、县域基本覆盖，移动支付便利惠及城乡。长三角地区交通等公共设施互联互通，长三角地区支付一体化发展取得显著进展。

——标准建设取得突破。到2022年，形成可复制、可推广的经验和模式，探索开展移动支付相关金融标准创新建设，有效发挥标准的保障、支撑和引领作用，促进移动支付创新和健康发展，为全国乃至全球提供浙江样板。

——国际化步伐明显加快。培育壮大全国首家中外合资可进行人民币双向清算的银行卡清算机构，建成应用全球领先的跨境电商服务在线交易平台，金融服务跨境合作进一步扩大，移动支付技术和商业模式向海外多个国家输出，引领全球移动支付发展潮流。

二、工作重点与责任分工

(一)推动移动支付普及应用

1.推动多元化移动支付方式应用

结合场景特点，大力推广手机Pay、二维码、生物识别支付等移动支付方式应用，满足消费者在各类场景下多元化的移动支付需求。引导银行机构大力发展移动支付业务，逐步构筑电子支付渠道与固定网点相互补充的业务渠道体系。畅通Ⅱ、Ⅲ类个人银行账户在移动端的开立和使用渠道，提升Ⅱ、Ⅲ类个人银行账户的移动支付服务能力。促进移动支付与金融服务深度结合，依托移动支付为客户提供信息、资金、产品等全方位金融服务。鼓励银行机构、非银行支付机构以客户为中心，从操作流程、视觉感官等方面不断完善移动支付产品，优化用户交互体验，提升使用便捷性。规范发展聚合支付业务，建设推广集各类移动支付方式和渠道于一体的综合平台，为商户提供一点接入和一站式资金结算、对账服务。(责任单位：人行杭州中心支行、浙江银保监局，列第一位者为工作牵头或汇总单位，下同)

2.加快公共服务领域移动支付应用

推动银行机构、非银行支付机构、银行卡清算机构逐步有序接入浙江政府服务网统一公共支付平台，实现移动支付在公积金、社保、税款缴纳、学费缴纳等政务服务的全覆盖。推动电子健康卡、电子社保卡(医保卡)和银行卡"多卡融合"功能应用,实现电子社保卡(医保卡)、电子健康卡、移动支付一站式结算。推动移动支付在各地智慧医疗和医院系统平台的应用,支持医院、药店等场景的线上线下全流程医疗服务支付,助力分级诊疗和医疗服务与互联网深度融合。充分发挥社保卡加载金融功能的优势,推动全省社保卡身份认证和支付结算平台建设,实现电子社保卡移动支付功能。持续推进各地公交以及长途客运移动支付应用,实现公交领域和长途客运站移动支付全覆盖。推动高速公路人工收费窗口通过移动支付缴费,并延伸至高速服务区各项车主服务。推动景区售票及相关旅游配套服务受理移动支付,打造智慧景区。推动移动支付与市政、商业等各类停车场(库)优化停车流程有机结合,提高车辆通行效率。推动移动支付与电子校园卡结合,实现高职院校食堂、小卖部、学杂费缴纳等场景移动支付应用。推动水、电、气等公共事业缴费支持线上线下移动支付功能,便利百姓多渠道缴费。原则上,公共服务领域应至少支持两种以上移动支付方式,其中至少一种为符合银行业联网通用标准的移动支付方式。(责任单位:省政府办公厅、省财政厅、省大数据局、省卫生健康委、省药监局、省人力社保厅、省医保局、省交通运输厅、省文化和旅游厅、省教育厅、省建设厅、浙江省税务局、人行杭州中心支行、中国银联浙江分公司)

3.扩大商业领域移动支付应用范围

依托市场力量,全面开展商户移动支付受理功能改造,确保能够受理移动支付方式,鼓励使用符合银行业联网通用标准的移动支付方式,至2022年基本实现商户移动支付全覆盖。推进移动支付在电子商务和线下新零售业务中的应用,鼓励传统商贸零售企业依托移动支付和数字技术改造业务流程,通过移动支付应用创新服务模式,实现线上线下融合发展。推动移动支付在企业园区的应用,全方位满足园区内企业职工的金融和生活支付需求,提升园区管理水平。大力推进移动支付在农贸市场、早餐店、便利店、超市、加油站等便民生活领域的应用,为社会公众提供便捷的生活服务。(责任单位:省商务厅、省市场监管局、省经信厅、人行杭州中心支行)

4.统筹城乡移动支付差异化发展

围绕"扶贫攻坚""乡村振兴"战略,推动移动支付应用向县域、乡镇下沉,加快农村支付服务环境建设提档升级和金融普惠进程。在农村商品交易、物流等各类场景中，以需求为导向，加强以移动支付为代表的新兴支付方式应用。全面推广通过移动支付方式办理银行卡助农服务，进一步激发银行卡助农服务点活力。根据农村地区特点，尽可能地采取低成本改造方式，推动农产品收购、农资店、民宿、农家乐等中小商户受理移动支付。结合农村电子商务发展，扩大农村移动支付应用电商和客户群。（责任单位：人行杭州中心支行、省农业农村厅、浙江银保监局、省商务厅、中国银联浙江分公司）

（二）大力推进移动支付创新

5.鼓励移动支付技术创新

探索利用分布式、云计算等新技术优化移动支付服务基础设施，保障移动支付服务系统高效稳定运行。推动生物识别、物联网、计算机视觉、自然语言处理等技术在移动支付领域的融合创新，促进支付服务向精细化、智能化迈进，持续提升支付便利化水平。鼓励并支持高校、科研院所、银行机构、非银行支付机构和银行卡清算机构开展金融科技和移动支付领域的理论和关键核心技术研究，在浙江设立金融科技研究中心、院士工作站等，并积极促进支付科技研究成果转化。（责任单位：省科技厅、人行杭州中心支行、省财政厅、浙江银保监局、省地方金融监管局、蚂蚁金服、连连集团）

6.推动移动支付应用创新

结合零售新业态、行业数字化发展需求，创新移动支付产品和服务，量身定制移动支付解决方案，使支付应用场景更丰富、效率更高、客户体验更好。鼓励和推动银行机构、非银行支付机构、银行卡清算机构对接、运用浙江“最多跑一次”改革、政府数字化转型成果，打通支付服务主体与政府部门之间的信息壁垒，提高数据资源收集运用的智能化水平，借助大数据等技术手段，提升移动支付服务质效。（责任单位：人行杭州中心支行、浙江银保监局、省地方金融监管局、省科技厅、省大数据局、中国银联浙江分公司）

7.探索移动支付机制创新

引导各银行机构、非银行支付机构建立适应市场最新发展趋势、高效决策部署、支持业务创新的体制机制，做大做强移动支付的金融服务入口和渠道功能。充分发挥银行卡清算机构的产业平台作用,集中产业链各方力量,创新共建共享机制,扩大移动支付应用群体和范围。鼓励银行机构、非银行支付机构开展合作,凭借各自优势,创新移动支付运营模式和生态圈。创新引入PPP模式,由政府和银行机构、非银行支付机构等社会资本开展合作,共同推动移动支付在公共服务领域的应用。(责任单位:人行杭州中心支行、浙江银保监局、省财政厅)

(三)推进移动支付标准建设

8. 积极开展移动支付标准建设

鼓励银行机构、非银行支付机构、银行卡清算机构加强移动支付标准研究,探索研究云计算、大数据等新兴技术移动支付领域应用标准,有序开展标准化建设。全面提升移动支付标准化程度,推动移动终端支付可信环境技术规范等重点金融标准达标认证,在保障移动支付业务安全的情况下提升移动支付服务质量。以"一带一路"建设为突破口,推动省内移动支付标准快速进入国际市场,让中国移动支付发展成果更好地惠及世界。(责任单位:人行杭州中心支行、省市场监管局、浙江银保监局、省地方金融监管局、蚂蚁金服、连连集团)

(四)推进移动支付国际化发展

9. 推进支付清算基础设施建设

依托支付服务龙头企业,建设跨境电商服务在线交易平台,扩大金融服务跨境合作,促进跨境贸易便利化。积极推进银行卡清算机构筹建和发展,培育浙产品牌,助推中国银行卡清算市场开放进程。(责任单位:人行杭州中心支行、省发展改革委、省商务厅、连连集团)

10. 推动跨境支付业务发展

紧密围绕人民币国际化,支持银行机构、非银行支付机构开展跨境人民币结算业务,助力我省跨境电子商务发展。鼓励移动支付全球市场发展布局,申请境外相关支付业务牌照,积极向海外输出服务、技术和商业模式,实现支付宝等移动支付服务全球15亿人。(责任单位:人行杭州中心支行、省商务厅、蚂蚁金服、连连集团)

11. 支持打造智能亚运会

推动外卡收单机构开展亚运会重点地区涉外宾馆酒店、大型商场、大型超市以及旅游景区、特色街区等商户外卡POS移动支付受理功能改造，提升国外游客移动支付便捷性。改善ATM受理外卡功能，方便国外游客取现。支持外国游客开通、应用国内移动支付产品，体验中国移动支付带来的便利和服务。（责任单位：人行杭州中心支行、杭州亚组委、中国银联浙江分公司、蚂蚁金服）

（五）营造建设良好氛围

12. 积极开展宣传培训

通过媒体宣传、场景布置、现场宣传等方式开展富有实效的宣传活动，提升社会公众对移动支付的认知度和接受度。推动银行机构、非银行支付机构、银行卡清算机构加大资源投入，组织开展形式多样的优惠营销活动，培养客户使用习惯。加大对商户收银员的培训力度，熟练掌握移动支付各项应用和受理操作，使社会公众能够顺利享受移动支付带来的便利。（责任单位：省委宣传部、人行杭州中心支行、浙江银保监局）

三、保障措施

（一）加强组织领导

成立移动支付之省建设工作组，由省政府分管副省长任组长，省政府办公厅、省委宣传部、省委改革办、省发展改革委、省经信厅、省教育厅、省科技厅、省公安厅、省财政厅、省人力社保厅、省建设厅、省交通运输厅、省农业农村厅、省商务厅、省文化和旅游厅、省卫生健康委、省药监局、省市场监管局、省地方金融监管局、省医保局、省大数据局、浙江省税务局、人行杭州中心支行、浙江银保监局等部门，中国银联浙江分公司、蚂蚁金服集团、连连集团等机构为成员，共同推进移动支付之省建设工作，办公室设在人行杭州中心支行。各市、县人民政府负责本地区移动支付推广的组织领导职责。建立年度总结、重难点问题会商等工作机制，加强省级部门间联动，提升工作合力。

(二)加大政策扶持

不断创新和优化移动支付发展政策,构建支持多元化支付机构集聚、多层次支付人才引进培养、多渠道移动支付产业配套的政策体系,打造良好移动支付发展环境。加大对移动支付各项建设任务,尤其是公共服务领域移动支付建设的政策、财政支持力度。推动保险业金融机构创新金融服务与产品,积极开展网络安全险、专利保险等科技保险业务,为打造移动支付之省提供数据信息安全的风险保障与补偿机制。

(三)加强风险防控

创新金融科技监管,运用大数据、区块链等新技术,加强移动支付市场风险的监测预警和风险研判。对无证经营支付业务、为黄赌毒等非法交易提供支付结算服务等违法违规行为保持高压监管态势,各相关部门齐抓共管、形成合力,坚决予以打击,净化支付市场环境。各类市场主体在移动支付之省建设过程中接触到的大量数据信息,要在客户授权的前提下,依法、依规、有限度地进行存储、使用。对于超授权使用、泄露客户身份、账户或交易信息的,公安部门要加大打击力度,严重的要依法追究刑事责任。建立健全移动支付相关投诉举报的快速响应机制,加强调查、跟踪、分析,推动市场主体规范业务管理,构成犯罪的及时移送司法机关,切实保护金融消费者的合法权益。

四、考核评价

(一)完善考核评价机制

中国人民银行杭州中心支行负责牵头抓好“移动支付之省”建设各项工作落实,制定“移动支付之省”建设年度工作任务清单,明确职责分工,定期组织开展建设情况评估。建立信息沟通机制,及时发现和协调解决建设过程中的问题和困难,总结典型经验和做法,在全省复制推广。各建设工作组成员单位负责对其下属单位和分支机构进行工作考核和评价。

(二)建立考核评价指标

结合“移动支付之省”建设重点工作任务和年度工作任务清单，制定涵盖业务规模、行业应用、标准建设、国际化发展等方面的评价指标和评价责任分工，反映“移动支付之省”建设目标和各项工作完成情况。适时组织开展群众满意度调查，畅通市场反馈渠道，力求评价科学公正合理。

中国人民银行杭州中心支行　中国银行保险监督管理委员会　浙江监管局关于印发《浙江省优化营商环境获得信贷便利化实施方案》的通知

杭银发〔2019〕123 号

各市、县(市、区)人民银行,各银保监分局、各直辖监管组,各政策性银行浙江省分行(营业部),各国有商业银行浙江省分行,浙商银行,浙江省农村信用社联合社,交通银行浙江省分行,各股份制商业银行杭州分行,邮政储蓄银行浙江省分行,杭州银行,浙江网商银行,各城市商业银行杭州分行,杭州联合银行,各外资银行杭州分行:

为纵深推进"最多跑一次"改革,进一步优化营商环境,根据中共浙江省委办公厅、浙江省人民政府办公厅《关于做好 2019 年全面深化改革工作的通知》(浙委办发〔2019〕23 号)要求,省委改革办(省跑改办)、人民银行杭州中心支行、浙江银保监局、省自然资源厅、省地方金融监管局、省大数据局已联合印发《浙江省优化营商环境获得信贷便利化行动方案》(浙改办发〔2019〕38 号,以下简称《行动方案》)。为更好地贯彻落实《行动方案》,人行杭州中心支行、浙江银保监局联合制定了《浙江省优化营商环境获得信贷便利化实施方案》(见附件 1),现印发给你们,请认真贯彻执行。

中国人民银行杭州中心支行　中国银行保险监督管理委员会浙江监管局

2019 年 9 月 4 日

附件1

浙江省优化营商环境获得信贷便利化实施方案

为深入贯彻习近平总书记关于加大营商环境改革力度的指示精神，全面落实中央和省委经济工作会议精神，贯彻省委、省政府全面深化改革工作要求，进一步提高获得信贷的便利性，营造良好的营商环境，促进经济稳健发展，根据《浙江省优化营商环境获得信贷便利化行动方案》(浙改办发〔2019〕38号)，制定本实施方案。

一、工作目标

通过减环节、减时间、减材料等一系列措施，提高信用信息深度指数、获得贷款便利度、小微企业信贷覆盖面，合理确定小微企业贷款利率，突出解决“融资烦、融资慢”，使获得信贷更加便利和高效，营造良好的营商环境，促进经济稳健发展。

二、具体措施

(一)增强信贷支持稳定性，为“三减”夯实基础

1.构建续贷沟通工作机制

对于存量客户、存量贷款中的到期部分，银行业金融机构要建立续贷沟通工作机制，提前与企业沟通续贷事宜，不得随意收回事先给予企业的续贷承诺，给客户稳定的预期。

2.优化信贷结构和产品体系

以市场需求为导向，根据民营企业生产和现金流周期特征，创新个性化、差异化、定制化信贷产品，减少供需错配，从源头上减少不合理的续贷现象。

3.深化还款方式创新

进一步推广年审制、无缝续贷、循环贷款等还款方式创新产品，实现信贷资金与小微企业资金需求的无缝对接，增强企业资金周转的稳定预期。

(二)实施差异化金融服务方案，提高信贷支持精准度

1.加强对小微企业园区的金融支持

根据园区开发模式提供量身定制融资方案，落实好差异化授信政策，重点加强对高星级园区、数字化园区建设的支持。加大对入园企业的信贷支持力度，积极满足企业购置厂房、更新设备、生产经营等多元融资需求。以小微企业园为重点，充分利用人民银行应收账款融资服务平台功能，创新应收账款质押、保理、供应链融资产品。

2.加强对制造业企业的中长期贷款支持

坚持区别对待、有扶有控原则，合理安排授信期限和还款方式，着力加强对重大项目、重大技术推广和重大装备应用的中长期贷款支持。结合全省传统产业改造提升试点工作，加强对制造业改造提升和智能制造的中长期贷款支持，推动制造业贷款平稳增长、占比稳中有升。

3.加强对重点建设项目和民间投资的金融支持

深入开展银企对接，围绕“一带一路”倡议、长三角区域一体化等国家战略、重点建设项目和民间投资项目，综合运用银团贷款、固定资产贷款等模式，切实保障新建、在建和续建重点项目的合理资金需求，扎实做好基础设施补短板工作。

4.加强对科创型小微企业的金融支持

积极对接人民银行杭州中心支行和省科技厅联合下发的科技型企业名单，重点推广专利权、商标权等无形资产质押贷款，努力盘活科技型小微企业无形资产。加大与创业投资、风险投资等专业机构的合作，推动完善风险共担机制，加大科技金融服务力度。

5.持续开展民营和小微企业“三服务”活动

各银行业金融机构要发挥专业优势，主动为企业问诊把脉、当好参谋，积极帮助企业解决融资难题。

（三）利用各类线上线下平台，充分落实“三减”

1.将吸纳就业型小微企业作为重要的服务对象，下沉服务重心，拓宽服务视野

充分依托小微支行等机构，打通金融服务“最后一公里”。合理设计小微企业办理信贷的平均时间、平均申请材料份数和平均办理环节个数，切实提高企业信贷获得便利性。

2.充分借助移动金融服务平台，全面掌握客户信息，创建有效的风险识别和控制体系

针对小微企业客户群体需求特点，提供针对性融资方案，满足关键性时间节点融资需求，提供有益的附加服务。

3.依托银行业联合会商、联合授信、债委会等工作机制，搭建银行业金融机构联合会商平台

推进共同研判企业情况，协商确定企业授信及其他综合服务方案。充分利用浙江银保监局浙江银行业授信支持系统，有效发挥在线会商、在线表决等系统功能，提高工作效率。同时，对企业在浙江省金融综合服务平台上发布的融资需求，银行业金融机构通过平台快速反应、精准响应融资需求。

4.合理设置授信审批权限

对民营企业存量客户的正常续贷需求，以及小微企业新增信贷需求，审批权限应合理下放。对小微企业信贷专营机构应给予差异化授权。积极推行线上审批、限时审批和派驻专职审批人制度，对符合一定条件的企业开辟授信审批“绿色通道”，缩短内部审批流程，不断提高审批效率。

5.落实不良贷款尽职免责制度

各银行业金融机构要健全容错纠错机制，提高民营和小微企业贷款风险容忍度，细化不良贷款尽职免责办法，制定操作细则，明确尽职免责的具体情形和从轻、减轻责任的条件，打消基层经营机构和客户经理服务民营和小微企业的顾虑。

（四）梳理信贷产品办理指南，提高金融服务规范性

1. 针对主要信贷产品，按照世界银行办理信贷相关标准，推进“减事项、减环节、减材料、减次数、减时间”，原则上在9月底前梳理完成主要信贷产品的办理条件、办理时间、办理环节和所需材料，绘制办事流程图，并制定表单填写示范文本，形成主要信贷产品办事指南手册。

2. 对于主要信贷产品的办事指南手册（含办理条件、办理时间、办理环节和所需材料及相关示范文本等），原则上在9月底前在本机构主要营业场所、门户网站、移动客户端上公布。

（五）加大小微企业信贷资金投放，推进首次贷款增量扩面

1. 单列小微企业信贷计划

加大对小微企业的信贷投放力度，重点加大对单户授信1000万元以下的普惠口径小微企业投放力度。大型银行要发挥“头雁”效应，确保完成总行下达的普惠型小微企业贷款年度目标，同时加大对单户授信1000万～3000万元小微企业的支持力度。

2. 重点加大对首次贷款企业的扶持

积极帮助有市场、有前景的企业实现首次贷款，按照“一企一策”原则，有针对性地制定综合培植方案，加大对首次贷款潜在客户的培育和辅导。

3. 加快金融产品创新

推动应收账款、商标权、专利权、排污权等无形资产抵押贷款增量扩面，积极开展存货、机器设备等抵押担保业务，尽最大可能提高各项业务的抵押率，提升小微企业融资额度。

4. 加大信用贷款支持

各商业银行要转变重资产抵押的传统观念，更加注重企业“第一还款来源”和经营状况，积极运用大数据等现代信息技术，切实提高信用贷款比重。

（六）合理确定小微企业贷款利率，切实改善小微企业融资环境

1. 合理确定小微企业贷款利率

按照保本微利、商业可持续原则确定小微企业贷款利率，杜绝贷款利率以

外的不合理收费及变相搭售行为。

2.充分发挥利率定价自律机制作用，强化评估考核，营造公平有序透明的定价环境

对贷款利率低的机构在央行资金使用方面予以大力倾斜；对贷款利率定价明显高于当地同类机构平均水平、下降空间较大的银行，限制其对央行资金的使用；对扰乱市场定价秩序尤其是公款招投标违反自律约定的银行机构，一经举报查实，对其各类央行评级实施一票否决，取消其央行资金使用、存单产品发行等资格。

三、保障措施

（一）提高认识，加强领导

提高获得信贷的便利性，是深入贯彻国务院“放管服”改革和纵深推进我省“最多跑一次”改革的举措，是进一步优化我省营商环境的重要内容，各银行业金融机构要充分认识这项工作的重要意义，成立以行领导为组长的工作小组，切实加强领导。在方案实施过程中如遇困难，要及时向人行杭州中心支行和浙江银保监局报告。

（二）加强宣传，注重引导

各银行业金融机构要充分利用官网、电视、报纸、微信、互联网等各种媒介向社会广泛宣传本单位提高信贷便利化的新举措，认真做好解读，提高公众知晓度，营造良好的氛围。

（三）及时总结，提炼经验

各银行业金融机构要及时总结提高信贷便利化过程中取得的成果，梳理相关经验，按时报送工作情况。

中国银保监会浙江监管局关于深化中期流动资金贷款服务　科学匹配企业生产经营周期的指导意见

浙银保监发〔2019〕12号

各银保监分局，各政策性银行浙江省分行(营业部)，各国有商业银行浙江省分行、杭州分行，各股份制商业银行杭州分行，邮储银行浙江省分行、杭州市分行，杭州银行、各城市商业银行杭州分行，浙江网商银行，省农信联社、杭州辖内各农村中小金融机构，各外资银行杭州分行：

为进一步推进金融供给侧结构性改革，科学匹配贷款期限和企业生产经营周期，稳定企业融资预期，降低企业融资成本，根据《流动资金贷款管理暂行办法》《中国银保监会办公厅关于进一步做好信贷工作、提升服务实体经济质效的通知》等精神，结合浙江实际、总结前期经验，制定本意见。

一、充分认识重要意义

深化中期流动资金贷款服务，科学匹配企业生产经营周期，有利于优化信贷资金供给结构，稳定企业融资预期，促进企业持续稳定开展生产经营；有利于减少企业经常性贷款周转，缓解企业资金压力，降低企业综合融资成本；有利于改善融资环境，加强银企互信合作，更好发挥信贷资金在“稳企业”中的作用。各银行机构应牢固树立“银企命运共同体”理念，在有效控制风险前提下，不断深化中期流动资金贷款服务，有效满足企业合理中期流动资金需求。

二、准确把握总体要求

(一)基本定义

本意见所指中期流动资金贷款服务包括：贷款期限1年至3年(不含1年，

含 3 年,下同)的流动资金贷款服务,小微企业无还本续贷服务,以及授信期限为 1 年至 3 年、单次贷款期限相对较短但承诺符合条件的企业确保续贷的流动资金贷款服务。

(二)适用对象

原则上,各银行机构提供中期流动资金贷款服务的企业,至少应满足以下条件:

(1)有合理中期流动资金贷款需求,符合发放中期流动资金贷款条件和标准,且自身具有一定的铺底流动资金;

(2)依法合规经营,贷款资金用途符合国家产业政策、环保政策和信贷政策等的相关规定;

(3)生产经营正常,企业产品有市场、有销路,发展前景良好,具有持续经营能力和良好的财务状况;

(4)信用状况良好,具备还款能力和还款意愿,企业及其实际控制人没有挪用贷款资金、欠贷欠息、逃废债等不良行为,愿意按要求提供自身相关信息;

(5)银行机构基于审慎经营、合规管理目的要求的其他条件。

各银行机构应根据自身信贷管理特点,制定个性化的企业准入标准,按照市场化、专业化的要求进行风险判断并开展业务,重点对制造业企业、小微企业给予政策倾斜。

(三)基本原则

1. 自主创新

按照“实质重于形式”的原则,结合各行实际,自主创新、积极探索,“一行一策”、因行制宜,积极深化中期流动资金贷款服务。

2. 务求实效

准确分析企业的用款需求,科学匹配贷款期限和企业生产经营周期,提供符合企业实际的服务模式,减少企业的贷款周转,降低企业的融资成本。

3. 风险可控

严格落实贷款“三查”,更加有效把握客户的真实经营状况和还款能力,不因贷款期限变长而增加整体风险,着力提升信贷管理能力和水平。

4. 依法合规

严格遵守现行法律、法规以及各项内控制度要求,加强对相关制度、合同文本等的法律审核把关，确保各项创新在依法合规的框架下进行。

三、优化服务模式

各银行机构要在继续做好传统中期流动资金贷款及小微企业无还本续贷业务的基础上，积极总结经验，优化中期流动资金贷款服务模式，包括但不限于以下方式。

(一)中期贷款内嵌年审制服务模式

贷款人与借款人签订期限1年至3年的流动资金贷款合同，在贷款合同中内嵌年审制，如年审未触发特定条件，则借款人按合同约定期限继续使用贷款资金。

该模式下，各银行机构应在贷款合同中合理设置年审标准，如企业基本面未发生明显负面变化，则保持合同继续有效。如要提前终止合同，则应符合合同约定并与借款人充分沟通。同时，各银行机构应科学设定分期偿还贷款本金比例，积极探索长短资金搭配等更为灵活的服务方案，稳定贷款资金使用额度，合理匹配生产经营周期，优化贷款服务。

(二)中期授信内嵌预审制服务模式

贷款人与借款人签订期限1年至3年的具有约束力的流动资金授信合同或协议，单次贷款期限1年(含)以内，在授信合同中内嵌预审制，如企业基本面未发生明显负面变化则确保续贷。

该模式下，各银行机构应在授信合同或协议中合理设置预审标准。在贷款到期前，对于仍有融资需求的，经企业申请，银行机构应当及时开展预审。如企业基本面较前次贷款未发生明显负面变化，应同意按原借款条件续贷，并在贷款到期日前与企业签订新的借款合同，需要担保的签订新的担保合同。其中，对于小微企业客户，允许按照有关规定无还本续贷。

(三)循环式中期流动资金贷款服务模式

贷款人与借款人签订期限1年至3年的流动资金循环借款合同，在合同规定的贷款额度和有效期内，允许多次提取、循环使用，随用随借随还。

该模式下，以贷款实际提款期限确定利率及计息方式。各银行机构应按资金实际使用天数计息，未使用贷款额度不计息。通过签订1年至3年借款合同，“单笔短期周转、多次循环使用”的方式，在稳定企业融资预期的同时，使企业享受短期利率，降低企业的综合融资成本。

四、建立健全配套机制

各银行机构应当建立健全配套机制，确保中期流动资金贷款服务稳健有序开展。

（一）制定配套制度

各银行机构要根据自身实际，制定完善具体的中期流动资金贷款服务管理制度和其他配套政策，确保业务开展依法合规、有章可循。完善风险定价方式，给予客户尤其是第一还款来源充足稳定的企业少上浮或不上浮的优惠利率支持。严格落实小微企业金融服务收费“两禁两限”要求。

（二）明确业务流程

各银行机构要根据自身中期流动资金贷款服务推进实际，建立科学高效的业务办理流程，简化续贷业务办理。明确业务涉及的金额、期限、利率水平、担保方式、还款方式等要素的授权标准及要求。按照中期流动资金贷款服务要求，改造完善相关业务系统，提高业务办理的标准化、流程化水平。

（三）加强风险管控

各银行机构要针对中期流动资金贷款服务关键风险特征，建立客户“白名单”管理制度，提升授信准入、审批决策、贷后管理等方面精细化管理水平。合理测算营运资金需求，严格遵守受托支付等要求。丰富监测手段，多维度交叉验证客户信息，准确识别企业风险状况变化。积极探索利用互联网、大数据等信息技术提升风控能力，推动风险管理从被动向主动转变。同时，加强员工行为管理，建立长期监测和不定期排查机制，防范道德风险。

(四)强化考核激励

各银行机构要立足综合效益和社会效益，加大信贷倾斜力度，科学设定绩效考核指标，对中期流动资金贷款服务开展较好的分支机构，给予有效的正向激励。合理确定风险容忍度，建立并落实尽职免责制度办法，激发中期流动资金贷款服务推广积极性。

五、切实强化综合保障

(一)争取总行支持

各银行机构在浙分支机构要主动向总行汇报，积极争取总行支持，将浙江作为中期流动资金贷款投放的重点区域。争取在差异化审批授权、行业授信政策、风险容忍度以及信息系统模块等方面获得支持，根据浙江区域经济特点制定切实可行的工作推进方案，确保相关工作落地、落细、落实。

(二)强化监管推进

各级监管部门要在日常监管中加强监管引领和政策解读，鼓励并推动银行机构深化中期流动资金贷款服务。研究建立监管量化考评机制，及时了解评估各银行机构业务进展情况，对于工作推进不到位、业务考核不达标的机构，强化监管督导、窗口指导和管理评估。

(三)做好宣传推广

各级监管部门要加强政策解读，注重总结良好经验和创新做法，及时予以推广。各银行机构要充分运用线上线下渠道，加强产品宣传介绍，重点针对存量短期流动资金到期、符合中期流动资金贷款服务准入条件的客户，在贷款到期前由客户经理重点做好宣传工作。推动企业家教育工作，支持企业在运用中期流动资金贷款服务优化负债结构的同时，提高资金运用的规范性。

中国银保监会浙江监管局转发银保监会《关于进一步加强金融服务民营企业有关工作》的通知

浙银保监发〔2019〕13 号

各监管处、各保险业务处、各银保监分局、各直辖监管办，各政策性银行浙江省分行，各国有商业银行浙江省分行，各股份制商业银行杭州分行，各金融资产管理公司浙江分公司，邮储银行浙江省分行、杭州市分行，杭州银行、各城市商业银行杭州分行，浙江网商银行，省农信联社、杭州辖内各农村中小金融机构，各外资银行杭州分行，杭州辖内各非银行金融机构，各保险公司省级分公司，省银行业协会，省保险行业协会：

现将《中国银保监会关于进一步加强金融服务民营企业有关工作的通知》(银保监发〔2019〕8 号，以下简称《通知》)转发给你们，并提出以下要求，请一并贯彻落实。

一、细化措施，狠抓落实

为认真贯彻落实《通知》精神，我局结合辖内实际，制定《浙江银保监局加强银行业保险业服务民营企业行动方案》(见附件 1)，请各监管处、各保险业务处、各银保监分局对照责任分工，细化推进路线，强化进度监督，加快措施落地见效。请各银行保险机构认真对照《通知》要求，围绕我局行动方案，主动细化形成本单位的落实措施，把政策转化为民营企业实实在在的获得感。

二、制定目标，有序推进

根据《通知》要求，请各银行保险机构于 2019 年 3 月 31 日前制定本单位

2019年度民营企业服务目标及推进计划，通过正式公文报送对口监管部门。各银行保险机构应坚持精准对接民营企业有效融资需求，尊重市场规律，科学设置信贷投放计划，避免运动式、盲目放贷；要深入分析制度性、结构性因素，逐个破除金融服务偏好与企业类型、融资需求不匹配的难点、堵点、痛点，真正在机构内部形成“敢贷、愿贷、能贷”的长效机制。

三、强化管理，规范经营

各银行保险机构要做好系统改造提升，强化民营企业贷款监测统计，加强贷款资金流向监控，做好贷前贷中贷后管理；要确保贷款资金真正用于民营企业经营周转，防止信贷资金被截留、挪用甚至套利；要加强对贷款审批、发放环节管控，聚焦金融风险、金融乱象和腐败交织问题，严防违法违规行为的发生。

四、深入自查，即查即改

请各银行保险机构对本单位金融服务民营企业政策落实情况开展自查，重点查摆在尽职免责和容错纠错机制、民营企业贷款审批条件、授信附加条件、民营企业贷款数据真实性、政策优惠资金使用等方面存在的问题，并提出整改计划。自查报告与整改计划于2019年4月30日前通过正式公文报送对口监管部门。

附件 1

浙江银保监局加强银行业保险业服务民营企业行动方案

为全面落实习近平总书记重要讲话精神，认真贯彻《关于加强金融服务民营企业的若干意见》(中办发〔2019〕6 号)和《关于进一步加强金融服务民营企业有关工作的通知》(银保监发〔2019〕8 号)文件要求，积极落实车俊书记在省委金融工作座谈会上的讲话精神，持续深化金融供给侧结构性改革，加快我省融资畅通工程在银行业保险业落地实施，努力实现浙江民营企业特别是制造业、小微企业融资增量扩面，金融服务获得感明显提升，特制定本方案。

一、多措并举稳预期

(一)分类实施金融服务方案

按照全覆盖的原则，分别对授信 10 亿元以上的、1000 万～10 亿元的、1000 万元以下的民营企业实施专项金融服务方案，分类施策，提高金融服务的精准度。对授信 10 亿元以上的大型民营企业，逐户形成企业清单，联合会商、一户一档。根据会商结果，分类实施“扶强、帮困、出清”工程。对于授信 1000 万～10 亿元的中型民营企业，建立完善融资监测点制度和“服务企业服务群众服务基层”工作机制。通过深入走访企业、实地组织银企对接、开展企业家金融知识培训等解决企业融资共性问题，提高和扩大金融可获得性和覆盖面。对于授信 1000 万元以下的小微企业，制定“4＋1”小微金融差异化细分工作方案，重点破解小微园区型、供应链型、科创型、吸纳就业型小微企业金融服务困难堵点，推进银行业保险业与政府性融资担保机构合作扩面提效。(监管责任部门：法规

处、统信处、小微牵头部门按分工实施)

(二)增强信贷支持的稳定性

以稳融资性现金流预期为重点,增强民营企业获得融资预期的稳定性,全力促进实现“稳企业”目标。一是构建续贷沟通工作机制。对于存量客户、存量贷款中的到期部分,督促银行机构建立专项工作机制,至少提前一个月与客户充分沟通后续放款的规模、进度等情况,给客户稳定的预期。二是深化还款方式创新。进一步推广年审制、无缝续贷、循环贷款等还款方式创新产品,实现信贷资金与小微企业资金需求的无缝对接,增强企业资金周转的稳定预期。三是优化信贷结构和产品体系。以市场需求为导向,根据民营企业生产和现金流周期特征,创新个性化、差异化、定制化信贷产品,减少供需错配,从源头上减少不合理的续贷现象。(监管责任部门:法规处、统信处、小微牵头部门按分工实施,各机构监管处配合,各银保监分局参照落实)

(三)发挥保险业长期稳定资金作用

引导鼓励各保险公司向总公司争取保险投资资金增持浙江优质民营企业股票和债券,加大对民营企业长期财务性、战略性股权投资力度。发挥保险经济补偿功能,大力发展企财险、工程保险、责任险、意外险、出口信用险等险种,帮助企业提升长期抗风险能力。(监管责任部门:统信处、财产险处、人身险处按分工实施,各银保监分局参照落实)

二、聚焦痛点补短板

(四)完善授信审批授权制度

督促银行业充分考虑地方经济和分支机构风险控制能力,建立符合实际的、科学的授信审批体系。合理设定基层行授信审批权限,并保持审批权的稳定有效,避免采取“一刀切”的方式上收权限。引导银行业在充分下放审批权限的同时,加强对信贷投放的事前、事中、事后全流程内控监督,持续做好风险防

控。（监管责任部门：各机构监管处按分工实施，各银保监分局参照落实）

（五）优化信贷管理制度

引导银行业积极创新流动资金贷款机制，通过内嵌年审制等方法，将一年期流动资金贷款延长至三年左右；创新中长期制造业贷款产品和服务，减少期限错配。督促银行业进一步降低对抵押和担保方式的依赖，加强对企业第一还款来源的评估，稳步扩大信用贷款规模。推进商标权、专利权、应收账款、订单等质押贷款，加强与小微企业信保基金等合作，拓宽抵押和担保方式。（监管责任部门：法规处、小微牵头部门、各机构监管处按分工实施，各银保监分局参照落实）

（六）推动降低融资成本

发挥国有银行“头雁”作用，抓住国有银行降低小微企业贷款利率的有利时机，引导各类型银行机构进一步降低企业贷款利率。加快建立健全银行业保险业与民营企业信息对接机制，提升民营企业信息准确性和可获得性，降低民营企业金融服务采信成本。持续开展乱收费行为治理整顿，严厉打击强行返点等行为，督促银行业建立价格与服务相符、成本合理补偿、标准科学透明的服务收费机制，把信贷综合融资成本控制在合理水平。（监管责任部门：法规处、统信处、小微牵头部门按分工实施，各机构监管处配合，各银保监分局参照落实）

（七）完善考核激励和问责机制

加强对金融服务民营企业政策落实情况的监管督导和检查，督促银行业保险业端正发展理念，建立完善“敢贷、愿贷、能贷”内部激励机制，制定服务民营企业年度目标，对服务民营企业的分支机构和营销人员资源倾斜，对其服务企业数量、信贷质量进行差异化综合考核，加大正向激励力度。加快落实民营企业授信尽职免责要求，提高风险容忍度，制定实施细化的、可操作的尽职免责制度，设立内部问责申诉通道，为尽职免责提供制度保障。（监管责任部门：法规处、统信处、各机构监管处按分工实施，各银保监分局参照落实）

三、多维着力搭平台

(八)搭建金融综合服务平台

依托数字经济“一号工程”,深化“最多跑一次”改革成果在银行业保险业的应用,推进银行业保险业大数据共享应用平台建设,加快建设浙江金融综合服务平台。与省大数据发展管理局建立战略合作,在确保信息安全前提下,加快实现市场监督、税务、海关、环保、司法等信息“一键式”综合查询与共享应用,着力破解民营企业金融服务信息不对称难题。以大数据共享应用为基础,指导银行业保险业积极运用大数据技术优化改造授信审批、核保核赔、风险预警、合规与审计管理、反欺诈识别等内部管理流程,推进金融机构在有效控制风险的同时,提高服务效率,实现让信息“多跑路”,让企业“少跑腿”。(监管责任部门:统信处牵头,相关机构监管处、科技处、省银行业协会配合实施)

(九)搭建联合会商平台

依托银行业联合会商帮扶、联合授信管理、债委会等工作机制,搭建银行机构联合会商平台。完善牵头行机制,探索“信贷工作小组”做法,推进银行机构共同研判企业运营情况,协商确定企业授信及其他综合服务方案。继续完善浙江银行业授信支持系统“联合会商”功能,通过在线信息共享、投票表决、授信行为监测,提高联合会商效率。(监管责任部门:法规处牵头,各机构监管处、省银行业协会、各银保监分局配合实施)

(十)推动建设供应链金融服务平台

以杭州、舟山、义乌等列入国家试点城市为契机,对列入国家试点和省级试点的企业,建立重点供应链核心企业名单制管理机制。督促银行业围绕农业、制造业、商贸流通等重点领域搭建供应链金融服务平台,积极对接名单企业,以核心企业为抓手,充分运用区块链等金融科技手段,为符合条件的上下游中小企业提供成本相对较低、高效便捷的金融服务。(监管责任部门:小微牵头部门

牵头，各机构监管处、相关银保监分局配合实施）

（十一）推动建设科创型企业服务专业平台

推动银行业根据科创型企业经营特征，按照专业的人才队伍、管理考核机制以及产品服务体系等“三专”要求，新设或将符合条件的支行改造为科创企业专业服务平台。大力拓展投贷联动的广度和深度，积极稳妥探索集团内部交叉合作、与第三方投资机构合作、参与政府产业投资基金等投贷联动业务模式，建立长期战略投资思维，加大对科创型企业的综合金融服务支持。（责任部门：小微牵头部门牵头，各机构监管处、相关银保监分局配合实施）

四、深化监测优评估

（十二）建立完善民营企业信贷服务统计考核机制

根据银保监会统一安排，建立辖内银行业金融机构民营企业信贷季度监测机制。根据实际情况对辖内中小法人银行服务民营企业情况制定差异化考核方案，建立贷款户数和金额并重的年度考核机制，将考核结果作为年度监管评价的重要考量，引导中小法人银行继续下沉经营管理和服务重心，强化服务地方实体经济。加强监管督导和考核，实现民营企业贷款在新发放公司类贷款中的比重进一步提高，将融资成本保持在合理水平。（监管责任部门：统信处、各机构监管处按分工实施，各银保监分局参照落实）

（十三）建立特色企业园区金融服务监测评估机制

选择若干重点小微企业、高新技术企业、科创企业等特色园区，协同政府相关部门、园区管委会，建立入园企业经营管理和融资情况跟踪统计监测机制。逐户排查入园企业融资需求情况，全面客观分析企业融资需求和困难，建立问题清单台账，跟踪问题解决进度，定期组织金融服务质量评估。（监管责任部门：小微牵头部门牵头，统信处、相关银保监分局配合实施）

(十四)建立台州小微金融服务监测评估点

积极对接台州小微企业金融服务改革创新试验区建设,建立台州地区小微企业(包括个体工商户)金融服务样本观测点,动态跟踪监测小微企业融资规模、投向结构、贷款利率、期限、还款续贷、民间融资及融资风险等情况,定期评估小微金融各项支持政策落地效果和推进中存在的问题障碍。(监管责任部门:小微牵头部门牵头,台州银保监分局配合实施)

(十五)强化调查研究,深入剖析,对症下药

强化对市场热点问题,特别是民营企业、制造业等领域反映的金融服务问题的深入调查,精准分析民营企业融资难融资贵背后的制度性、结构性原因。对企业反映的融资困难问题,与相关部门联合开展调查研究,发挥各部门的职能优势,逐一剖析企业融资难的真实状况、原因,摸查问题症结,梳理企业合理诉求和问题清单,提出纾困方案,持续跟踪推动问题解决。(监管责任部门:统信处牵头,法规处、各机构监管处、各银保监分局配合实施)

五、纵横联动强合力

(十六)促进浙江银行业保险业融合发展

发挥银行资金体量大、客户范围广和保险资金长期稳健、综合成本低等优势,推动银行业和保险业重点加强民营企业融资增信、综合金融服务以及金融科技运用等领域优势互补、协同创新。探索推广大型企业银保协作综合金融服务、生物资产抵押贷款保险、小额贷款保证保险、保单质押贷款等银保合作模式,为民营企业提供定制化金融服务方案。(监管责任部门:法规处牵头、各机构监管处配合,各银保监分局参照落实)

(十七)加强外部协作与部门联动

推动建立包括省内和省外、银行和非银机构等各类型金融机构以及行政、

司法、公安等有关部门参与的联合会商机制，扩大联合范围、强化一致行动。联合地方各级政府整肃地区信用秩序，加快企业诚信激励和失信惩戒机制落地。推动地区司法部门加大对银行合法债权的保护，打击个别企业企图通过刑事司法途径逃避担保、还款责任的失信行为，维护区域金融生态环境。（监管责任部门：法规处牵头，各银保监分局配合实施）

（十八）深化与政府性融资担保机构合作

推动地方政府加快建立完善政府性融资担保体系，督促银行业按照互利互惠、风险共担的原则深化与政府性融资担保机构业务合作。鼓励银行业金融机构参与地方设立民营企业和小微企业贷款风险补偿专项资金、引导基金或信用保证基金。（监管责任部门：小微牵头部门牵头，各银保监分局配合实施）

中国银保监会浙江监管局关于印发《浙江“4＋1”小微金融服务差异化细分工作方案》的通知

浙银保监发〔2019〕14号

各银保监分局、各直辖监管办，各政策性银行浙江省分行，各国有商业银行浙江省分行，各股份制商业银行杭州分行，邮储银行浙江省分行，杭州银行、各城市商业银行杭州分行，浙江网商银行，省农信联社、杭州辖内各农村中小金融机构，杭州辖内各非银行金融机构，各保险公司省级分公司，省银行业协会、省保险行业协会：

现将《浙江“4＋1”小微金融服务差异化细分工作方案》印发给你们，请认真学习贯彻。请各级监管部门督促指导对口银行保险机构结合实际制定实施方案，明确具体目标、工作措施和责任部门。

浙江“4＋1”小微金融服务差异化细分工作方案

为进一步深化金融供给侧结构性改革，落实银保监会和省委省政府的工作部署，推进实施小微企业“增氧”和“滴灌”工程，突破小微金融服务痛点、堵点和难点，再创浙江小微金融服务新高度，制定本方案。本方案的“4”，是针对“小微企业园、科创型、供应链型、吸纳就业型”等4类小微企业，分别精准推进差异化的金融服务细分工作；“1”是探索银行保险机构与政策性融资担保公司深化在小微金融服务方面的合作。银行保险机构要按照“可获得、可负担、可持续”的要求，实现“两增两控”目标，保持战略定力，增量扩面降成本，提升小微金融服务质效。

一、总体工作措施

(一)完善小微金融服务体系

一是细分市场,健全多层次的全覆盖体系。各大中小银行业保险业金融机构要按照市场和客户定位细分小微企业客户群体,特别是针对小微企业不同的融资需求额度,如 50 万元以下、50 万～100 万元、100 万～500 万元、500 万～1000 万元等,结合自身实际进一步细分行业、客户、业务、产品和渠道,健全多层次的小微企业金融服务全覆盖体系。二是推动大中型银行深化普惠金融事业部“五专机制①”建设,发挥各自优势和特色,引导各类资源向小微金融倾斜。三是推进社区银行“网格化”管理和服务机制建设,充分发挥社区银行、小微专营机构和团队在服务当地和小微企业中的基础性作用。四是深化小微企业“伙伴银行”建设。鼓励银行与小微企业共成长,建立稳定的合作关系,根据客户实际需求,结合自身定位,分层分类提供精准服务。对单户授信 1000 万元(含)以下的小微企业服务银行超过 3 家、个体工商户和小微企业主服务银行超过 2 家的,其他银行应审慎介入。

(二)保障信贷增速和规模

一是督促各法人银行单列普惠型小微企业全年信贷计划,并分解至各一级分行,信贷计划需经本行主要负责人签字认可,执行过程中不得挤占、挪用;兼顾全年增速和月平均增速,对法人银行实施“两增两控”考核。二是推动大中型银行完成总行下达的信贷计划。发挥大型银行“头雁”效应,力争实现普惠型小微企业贷款余额同比增长 30%以上。

(三)持续降低企业融资成本

一是继续保持小微企业贷款利率定价合理水平。按照商业可持续、“保本

---

① 专门的综合服务机制、专门的统计核算机制、专门的风险管理机制、专门的资源配置机制,以及专门的考核评价机制。

微利”原则，巩固2018年普惠型小微企业贷款利率指导工作成效，对利率明显高于同类机构同类产品平均水平的，要合理压降。建立差异化的小微企业利率定价机制。进一步完善内部成本分摊和收益共享机制。严格落实相关收费减免要求，严格执行“七不准、四公开”要求。二是深化小微企业还款方式创新，推动小微企业“无缝对接”周转贷款、循环贷款、中长期流动资金贷款增量扩面。三是鼓励政策性银行为中小银行提供批发资金或转贷资金，加强协作。

(四)完善尽职免责和考核机制

一是督促各银行业金融机构重点明确对分支机构和基层人员的尽职免责认定标准、程序和免责条件。在不良容忍度标准内，未违反法律法规和监管规则的，免予追责。二是进一步完善绩效考核激励机制，提高小微企业业务考核权重，适当降低利润考核要求。合理设置小微企业贷款审批权限，给予分支机构必要的自主权。三是提高小微企业不良贷款容忍度，将小微企业不良贷款容忍度放宽到不高于各项贷款不良率3个百分点，在监管评级和监管评价中予以体现。

(五)推进金融服务方式创新

一是充分借助金融科技手段和智能化金融解决方案，有效解决成本、风控和效率问题，打造小微金融“数字普惠”工程。二是推广深化信用贷款。加强大数据平台应用，通过大数据分析手段，减少对抵押担保依赖，逐步增加信用贷款占比。鼓励银行事先与小微企业在合同中约定，在所有资产不对外抵押和设定对外担保限额等条件的基础上，发放信用贷款。三是推动银行业金融机构深入挖掘和利用税务部门信息，深化“银税互动”，积极创新银税合作信贷产品。进一步协同市场监管部门，加强“银商合作”力度。四是为小微企业提供一揽子服务，提供短期理财、开展工商年检代办、纳税代扣代缴、水电费代扣等基础服务。

(六)发挥银行保险专业优势和互补

一是发挥保险长期资金运用、融资增信等功能，继续开展政策性小额贷款保证保险试点，稳妥推进保险资金支农支小融资业务试点，推进关税保证保险、建设工程综合保险等重点领域发展。二是加强银行保险机构信息共享，针对小微贷款企业日常运营过程中面临的风险，创新提供针对性的保险产品和服务。三是鼓励保险公司投资商业银行发行的小微企业专项金融债、小微企业信贷资产证券化等金融产品。四是发挥非银机构特色工具优势，为小微企业提供特色金融产品。五是继续联合地方政府搭建小微企业联保平台，通过集约服务的方式，共同扩大小微企业出口信用保险等避险产品和工具的覆盖面。

二、“4+1”专项工作任务清单

（七）金融支持小微企业园高质量发展

推动银行业金融机构与小微企业园全面对接，对入园小微企业进行分类建档，满足小微企业园及新入园企业关键性融资需求。协同建立特色园区小微金融服务监测机制。探索差异化服务方式，深化“伙伴银行”建设，原则上同一小微企业园区服务银行3～5家，探索实施小微企业园主办支行制度，增设小微金融专营机构。探索将金融服务相关情况纳入小微企业园星级评价，明确金融服务标准和要求，并将评价结果运用于金融服务。

（八）提升科创型小微企业金融服务

督促指导银行业金融机构加强与科技等部门对接，建立科创型小微企业金融服务清单；建立专业化机构体系，制定专业人才培养计划，建立人才库；探索建立针对科创型小微企业的风险评估体系和评估模式；建立与科创企业回报周期、风险状况相匹配的考核激励机制和问责管理制度。完善投贷联动机制，有效落实风险隔离等要求，积极争取内部投贷联动试点，深化政银保风险共担模式，为科创型企业提供“全生命周期覆盖+增值服务”方案。确定杭州滨江、城西科创大走廊（余杭、临安）和嘉兴等地区为科创小微金融服务重点推进地区。研究出台科技金融专营机构管理办法，建立科技专营机构评估机制。

（九）推进小微供应链金融发展

引导银行业金融机构根据自身风控要求，制定小微供应链金融业务核心企业准入标准。依托国家供应链试点,建立小微供应链金融核心企业台账,结合行业特点,制定集群服务方案。基于真实贸易背景,积极探索与第三方平台合作,开发供应链金融管理信息系统,整合信息流、物流、资金流,准确测算客户真实融资需求,有效把控风险。充分利用现代通信技术手段,探索核心企业上下游客户在商业银行异地分支机构解决异地客户开户、面签等问题。充分发挥各类非银机构专业优势,积极参与小微供应链金融服务。推动加强供应链基础设施建设,建立动产融资统一登记公示系统,规范动产抵质押、转让、处置流程。

(十)促进吸纳就业型小微企业金融服务

推动银行业金融机构将吸纳就业型小微企业作为重要的服务对象,下沉服务重心,拓宽服务视野。大力发展社区银行,充分依托小微支行等机构,实施网格化管理,打通金融服务“最后一公里”。充分借助移动金融服务平台,深化“跑街”模式,全面掌握客户信息,创建有效的风险识别和控制体系。针对此类客群需求特点,提供针对性融资方案,满足关键性时间节点融资需求,提供有益的附加服务。指导推动银行业金融机构建立“灵活高效、责权匹配、科学合理”的考核机制,扩大基层网点小额贷款自主审批权限,缩短内部审批流程,提高审批效率。

(十一)加强银行与政策性融资担保合作

指导银行业金融机构聚焦支小支农银担合作重点,突出对单户担保金额500万元及以下小微企业和“三农”主体的支持。加强小微企业信息共享,完善客户评价机制和筛选标准,探索针对特定产业集聚区、特定行业小微企业客户,共同商定准入标准和操作流程,批量化、集群化提供融资担保服务。完善风险分担机制,根据融资担保机构实收资本、内部管理等因素综合确定担保放大倍数和保证金金额,与运作规范、资本实力和风控能力强的担保机构优先合作。推动建立银行与融资担保公司债权快速处理机制,协助融资担保公司对代偿债权的追偿。将银担合作支持小微和“三农”情况纳入金融支持经济社会发展考核评价。支持推进政策性担保体系建设,加强省市县三级联动,探索建立一级法人统一管理模式,推动政策性融资担保公司完善各项内部管理和风控制度。

三、保障措施

（十二）强化机构主体责任

督促指导各银行业金融机构和重点保险机构制定4类小微金融服务落实方案，细化分解目标和工作要求，“一把手”亲自抓，明确部门职责，层层压实责任。将相关要求内嵌到本单位经营管理中，制定完善相应的业务管理办法和制度流程。持续跟进业务进展，及时将相关情况报告对口监管部门。

（十三）强化监管引领、推动和督导

小微金融工作牵头处室负责总体框架性安排，各机构监管处负责对口被监管机构的具体推动，各银保监分局负责当地整体推进，法规、统信部门强化功能支持。将小微金融服务情况与机构监管评级、市场准入、评优评先等充分挂钩，加强督导、约谈和检查。及时总结、宣传好的经验做法，适时召开现场推进会。针对4类小微企业金融服务，分别评定若干重点推进机构和示范项目。

（十四）强化小微金融服务监测、评估和研究分析

修订完善小微企业金融统计监测报表体系，定期开展统计监测和通报。积极对接台州小微企业金融服务改革创新试验区建设，建立台州小微金融服务样本观测点，动态跟踪监测，定期评估政策落地效果。及时研究工作推进过程中遇到的困难和问题，提出针对性解决方案。

（十五）强化部门信息共享和协作

与省大数据发展管理局等建立战略合作，加快整合多方信息，搭建“数字普惠”金融服务平台。加强与经信、科技、税务等相关部门的对接沟通，建立常态化联络工作机制。引导机构用足用好配套支持政策，将政策实惠传导至广大小微企业。

关于在保证金领域运用保险机制进一步优化营商环境的通知

浙银保监发〔2019〕16 号

为深入贯彻《国务院办公厅关于聚焦企业关切进一步推动优化营商环境政策落实的通知》(国办发〔2018〕104 号)文件精神，全面落实优化营商环境举措，促进经济高质量发展，现结合我省实际，就在保证金领域运用保险机制的有关工作通知如下。

一、充分认识在保证金领域运用保险机制的重要意义

保险是现代社会管理风险的基本手段。保证保险、责任保险等险种具有担保功能，当被保险人未按合同约定履行义务或应依法对第三人进行损害赔偿时，保险公司将承担相应的赔偿责任。在保证金领域引入保证保险、责任保险等险种，可以使企业以更加低廉的成本获得与保证金同等效力的担保，从而减轻企业负担。

目前，我省在诉讼保全、建设工程、关税支付、土地流转担保、单用途商业预付卡等领域探索引入保险机制，积累了一定经验。2018 年，全省诉讼财产保全责任险承保 16167 笔，释放保证金 659 亿元；建设工程保证保险承保 10972 笔，为建筑企业释放保证金 65.7 亿元。2018 年 11—12 月，关税保证保险试点承保 162 笔，为进口企业释放保证金 3.1 亿元。

二、在已经试点的保证金领域着力提质增效

(一)诉讼保全领域

2015 年，浙江省高级人民法院发文通知在诉讼财产保全领域引入保险机

制。各级人民法院应当进一步推进多元化财产保全信用担保工作,对各家保险公司的偿付能力、理赔情况、服务质量等开展监测评价。开发建设诉讼财产保全一站式平台,实现财产保全担保领域的"一次不用跑"。

(二)建设工程领域

2016年,省建设厅、省人力社保厅、原浙江保监局联合发文通知在建设工程领域引入保险机制。各级工程建设招投标主管部门应加快修改完善工程招标文件和合同示范文本,将保险全面纳入工程担保机制。对于政府投资项目依法保留的保证金种类,企业可以以保险保函的形式提交,任何单位不得无故拒收。推行工程款支付担保,建设单位以保险保函形式提供工程款支付担保的,保费可在建设管理费中列支。

(三)土地流转领域

2018年,嘉兴市海盐县开展农村土地流转履约保证保险试点,地方财政给予一定比例的保费补贴。各地农业农村等相关部门应当因地制宜地探索开展农村土地流转履约保证保险试点工作,坚持政府引导、市场运作、风险可控、循序渐进的原则,强化激励机制,充分调动和激发土地流转双方的积极性和主动性。

此外,在关税保证金、单用途商业预付卡保证金等其他已经引入保险机制的领域,也应继续深入推进,切实帮助企业释放沉淀资金,"松绑"减负。

三、在其他保证金领域加快引入保险机制

(一)交通、水利工程领域

各级交通、水利、招投标行政监督部门应当进一步完善现行招标文件和合同示范文本格式,增加保险担保模式。施工单位需依法缴纳投标保证金、履约保证金、工程质量保证金、农民工工资支付保证金等四类保证金,保险保函与现金、银行保函等具有同等效力。

(二)政府采购领域

各级财政部门应当加大工作力度,明确政府采购履约保证金可以保险保函形式提交。采购文件中要求中标或成交供应商提交履约保证金的,采购人不得无故拒收保险保函。

此外,在其他留存涉企保证金领域,也应积极探索引入保险机制,提高资金利用效率。

四、进一步提升保险公司服务水平

(一)加大产品开发力度

鼓励保险公司加大产品开发力度,积极填补保险产品在空白领域的空缺。切实降低保险费率,对不同信用等级的企业实行差异化费率,减轻企业负担。

(二)发挥专业服务优势

支持保险公司充分发挥风险管理的专业优势,帮助政府和企业提升风险管控能力。鼓励聘请第三方专业技术管理机构,建立全流程的风险识别与评估、信息监测与共享等内容的风险防控机制。

(三)提高理赔工作效率

引导保险公司建立理赔快速通道,按照保险合同的约定快速、规范、及时地履行保险赔偿责任。对于可能引起群体突发事件的案件,保险公司在发生保险事故后,先赔付后追偿,及时化解矛盾。

(四)加强行业规范管理

指导浙江省保险行业协会对经营主体和相关产品实施备案管理,制定行业服务标准,统一保险保函文本格式。加快建设信息化管理平台,推动保险公司与保证金收缴部门逐步实现系统对接。

此外，各级银行保险监管部门要加强督导考核，引导保险公司不断提升服务水平。各级主管部门要做好政策宣传引导，总结推广好的经验和做法。地方各主管部门在试点推进中遇到新问题新情况，要及时向上级主管部门反馈报告。

中国银保监会浙江监管局　浙江省农业农村厅关于开展生物活体资产抵押贷款试点工作的通知

浙银保监发〔2019〕136号

各银保监分局、各直辖监管组，各市、县农业农村局，各国有商业银行浙江省分行、杭州分行，各股份制商业银行杭州分行，邮储银行浙江省分行、杭州市分行，杭州银行、各城市商业银行杭州分行，浙江网商银行，省农信联社、杭州辖内各农村中小金融机构，各财产保险公司省级分公司：

为深入贯彻乡村振兴国家战略，落实银保监会关于发展普惠金融、服务乡村振兴等政策精神，更好满足畜禽养殖场（户）等农业生产经营主体金融服务需求，决定深化银行业和保险业合作，开展生物活体资产抵押贷款试点。现将有关事项通知如下。

一、充分认识工作意义

开展生物活体资产抵押贷款，对盘活农业生物资产、提升畜禽养殖场（户）贷款可获得性、积极支持我省“三农”领域发展具有重要意义。特别是当前非洲猪瘟疫情严峻的背景下，金融机构加强对畜禽养殖场（户）金融支持、满足其合理的信贷需求，是贯彻落实党中央、国务院有关政策部署的重要措施。

二、试点机构

参与试点的银行机构为邮储银行浙江省分行、省农信联社及试点地区的农商行；保险机构为人保财险浙江省分公司。

三、试点品种和地区

根据浙江省畜牧产业特点，首先选择金华、衢州两市开展生猪和奶牛抵押贷款试点。条件成熟后将相关产品向其他畜禽品种及全省其他地区推广。

四、努力提升服务质效

银行、保险机构要合理确定生猪、奶牛等生物活体资产抵押贷款利率和相关保险费率，降低畜禽养殖场（户）综合融资成本，更好保障畜禽养殖场（户）生产经营需求。践行"最多跑一次"精神，优化服务流程，充分运用移动互联网等渠道，提高业务办理效率。

五、强化业务风险管控

银行、保险机构要稳妥推进业务，建立科学合理的业务管理机制，综合判断畜禽养殖场（户）风险状况，结合畜禽养殖行业特点，做好授信调查、审批决策以及贷后管理等工作，切实防范贷款风险，确保业务持续稳健开展。

六、加强工作组织领导

（1）相关银保监分局要做好银行、保险机构业务开展的督导、支持和推动。

（2）畜牧主管部门要加强畜禽养殖场（户）的管理指导，协助银行、保险机构对接浙江省智慧畜牧业云平台，获取畜禽养殖场（户）基本情况、生产动态等信息，开展生物活体资产调查、核定、处置等工作。

（3）各试点银行、保险机构要明确业务推进的任务分工和进度安排，及时制定相关业务制度、操作流程、协议文本等，加强对具体落地机构的业务管理和引导，强化一线人员业务培训，协调解决业务开展中的难点问题，推动业务有序落地。加强相关产品的宣传推介，主动送金融产品到户。

七、做好持续跟踪监测

参与试点的银行、保险机构要定期报送工作进展情况，包括业务规模、增长速度、存在问题及下一步工作计划等，于每季度后10日内报送，首次于2019年7月10日前报送二季度工作推进情况。

其他银行、保险机构可结合实际，积极探索开展农业生物活体抵押贷款等服务模式。

规划调研篇

长三角一体化背景下金融营商环境调研与评估

中国人民银行杭州中心支行

"经济是肌体，金融是血脉"，长三角一体化发展国家战略的有效落实和推进，势必离不开长三角地区金融业的高质量发展和强有力支撑。然而，与长三角一体化加快推进的大趋势相比，金融领域的一体化建设总体还处于酝酿和规划阶段，有待实质性破题。2019 年 6 月，人民银行副行长陈雨露在上海总部主持召开专题调研座谈会，就金融服务长三角一体化发展提出多个研究专题，其中一个专题就是"如何优化金融营商环境"。企业营商环境建设是当前我国经济发展的重点和热点领域，金融企业作为特殊的企业群体，其对于营商环境的需求和偏好具有一定的特殊性。在长三角一体化发展背景下，需要对金融营商环境的内涵做出准确界定，并对当前金融营商环境的现状进行科学、合理的量化评估，这是分析和提出长三角金融营商环境优化路径的重要前提。

一、长三角一体化背景下金融营商环境评估

借鉴世界银行基于企业生命周期视角的营商环境定义，金融营商环境主要是在金融企业(机构)设立、运营及退出的整个活动过程中所面临的各种环境和条件总和，包括市场准入和业务许可、要素及基础设施服务获得性、金融法治及监管环境、市场经营及竞争环境、投资者保护与退出机制等多个方面(具体细分指标见图 1)。区域良好的金融营商环境，有利于吸引境内外金融机构集聚发展，有利于形成完善成熟丰富的金融业态和金融体系，有利于金融业更加高效地服务地区实体经济的发展。

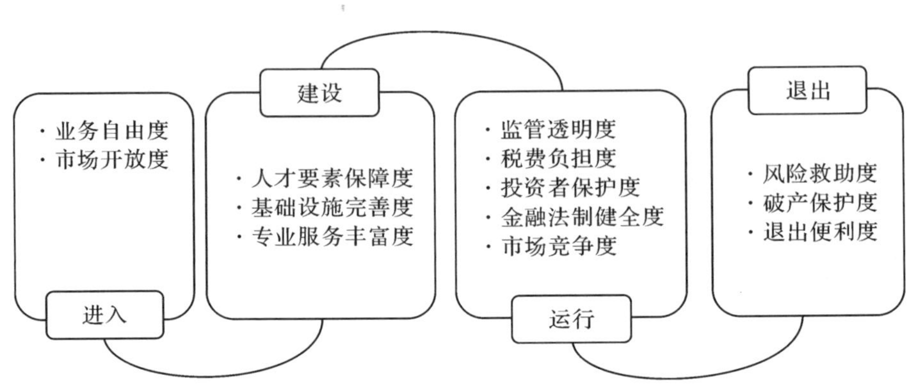

图 1 金融营商环境指标体系

基于长三角一体化战略和上海国际金融中心建设的大背景，评估金融营商环境有两个层面：一是上海国际金融中心对标国际金融中心城市，评估其在金融营商环境方面存在的差距与不足；二是在长三角经济一体化的背景下，将长三角地区各省与上海国际金融中心这一龙头对比，评估其在金融营商环境方面存在的差距和不足。

（一）上海国际金融中心金融营商环境评估

上海作为中国内地最主要的金融中心，金融机构聚集，金融市场功能齐全，金融业务和产品丰富多样，金融基础设施完备，为金融机构发展提供了良好的环境。随着金融改革的不断扩大和金融对外开放的进一步扩大，上海国际金融中心的全球地位也不断提升，但是，与纽约、伦敦等传统国际金融中心相比，上海在诸多方面存在较大差距。

1. 指标构建

参考世界银行对企业营商环境的评价，将金融机构经营活动分为进入、建设、运行、退出四个阶段，分别衡量这四个阶段中金融机构面临的营商环境，作为一级指标，并在这 4 个一级指标下设置 11 个二级指标，29 个三级指标，具体指标体系结构及指标解释见表 1。

表 1　国际金融中心营商环境评估指标体系

<table>
<tr><th>一级指标</th><th>二级指标</th><th>三级指标</th><th>指标解释</th></tr>
<tr><td rowspan="7">进入阶段</td><td rowspan="4">市场准入</td><td>金融业 FDI 限制指数</td><td rowspan="4">反映一国对外资金融机构的准入限制，包括投资股权比例限制、并购审批制度、机构设立形式、高管人员要求等</td></tr>
<tr><td>银行业 FDI 限制指数</td></tr>
<tr><td>保险业 FDI 限制指数</td></tr>
<tr><td>其他金融业 FDI 限制指数</td></tr>
<tr><td rowspan="3">业务自由度</td><td>金融自由度指数</td><td>衡量一国政府对金融业的干预程度，以及金融市场的发展程度</td></tr>
<tr><td>商业银行服务贸易限制指数</td><td rowspan="2">衡量一国银行业、保险业的开放程度，包括外资准入限制、金融体系是否充分竞争、监管透明度等</td></tr>
<tr><td>保险服务贸易限制指数</td></tr>
<tr><td rowspan="7">建设阶段</td><td rowspan="2">人力资本</td><td>金融业从业人员比例</td><td>金融业从业人员占全部就业人员比例</td></tr>
<tr><td>商学院与法学院毕业生比例</td><td>高校商学院与法学院毕业生占全部毕业生比例</td></tr>
<tr><td rowspan="4">基础设施</td><td>信用信息深度</td><td>衡量信用信息覆盖面、信用信息开放程度</td></tr>
<tr><td>信用信息覆盖率</td><td>信用信息系统中个人和公司的数量占成年人的比例</td></tr>
<tr><td>支付系统交易量/GDP</td><td>以美元统计的大额支付系统(LVPS)、零售支付系统(RPS)、快速支付系统(FPS)的年交易金额占 GDP 比例</td></tr>
<tr><td>支付系统参与者数量/人口</td><td>系统可识别的所有能发送或接受交易指令的机构与人口比例</td></tr>
<tr><td>专业服务</td><td>专业服务业从业人员比例</td><td>法律、会计、审计、咨询等金融相关行业从业人员占全部就业人员比例</td></tr>
<tr><td rowspan="9">运行阶段</td><td rowspan="2">监管环境</td><td>核心监管指标</td><td>衡量一国在巴塞尔协议 III、金融业薪酬体系、场外衍生品、金融风险化解、非银金融中介等方面的改革进展</td></tr>
<tr><td>非核心监管指标</td><td>衡量一国在对冲基金、证券、宏观审慎框架工具等方面的改革进展</td></tr>
<tr><td rowspan="2">金融法治</td><td>法律强度指数</td><td>衡量担保和破产法保护借方和贷方权利并借此为借贷提供便利的程度</td></tr>
<tr><td>金融法律法规数量</td><td>金融相关立法数量统计</td></tr>
<tr><td rowspan="4">税费</td><td>税收指数</td><td>衡量企业因纳税与支付派款以及进行税后合规而产生的负担</td></tr>
<tr><td>利润税</td><td>企业支付的利润税金和相关强制支出占利润比例</td></tr>
<tr><td>劳务税</td><td>企业支付的劳务税金和相关强制支出占利润比例</td></tr>
<tr><td>其他税</td><td>除利润税、劳务税以外其他税金和相关强制支出占利润比例</td></tr>
<tr><td>市场竞争</td><td>银行集中度</td><td>规模最大的三家银行资产总和占所有银行总资产比例</td></tr>
</table>

续表

一级指标	二级指标	三级指标	指标解释
退出阶段	投资者保护	投资者保护指数	衡量在董事滥用公司资产为自己谋利时股权持有人能得到保护的程度
		股东权利指数	衡量在公司治理结构中股份持有人的权利
		披露指数	衡量董事会损害股东利益的行为被要求披露的程度
	办理破产	办理破产指数	衡量企业破产程序的时间、成本和结果，以及适用于清算和重组程序的法律框架的力度
		金融风险化解指数	衡量系统重要性银行资本金要求、银行和保险机构可用于化解风险的资金、系统重要性银行风险化解和恢复经营方案等方面改革进展
		存款保险最高赔付	衡量银行兑付危机时对储户的保障

2.指数合成与结果分析

我们选取熵值法对指标权重进行确定。根据熵值定权法的理论，信息熵是对信息无序度的度量，信息熵越小，信息的无序度越低，信息的效用值越大，应赋予指标的权重也就越大。我们得到各项指标的权重系数如表2所示，可以看到，在一级指标中，建设阶段和运行阶段权重相对较高，而在二级指标中，市场准入、基础设施、税费、办理破产等指标包含信息更多，权重相对更高。

表2 国际金融中心营商环境评估指标权重系数

一级指标	权重	二级指标	权重	三级指标	权重
进入阶段	0.1777	市场准入	0.1018	金融业FDI限制指数	0.0269
				银行业FDI限制指数	0.0291
				保险业FDI限制指数	0.0245
				其他金融业FDI限制指数	0.0213
		业务自由度	0.0759	金融自由度指数	0.0208
				商业银行服务贸易限制指数	0.0283
				保险服务贸易限制指数	0.0268

续表

一级指标	权重	二级指标	权重	三级指标	权重
建设阶段	0.3053	人力资本	0.0944	金融业从业人员比例	0.0395
				商学院与法学院毕业生比例	0.0549
		基础设施	0.1693	信用信息深度	0.0450
				信用信息覆盖率	0.0229
				支付系统交易量/GDP	0.0261
				支付系统参与者数量/人口	0.0753
		专业服务	0.0416	专业服务业从业人员比例	0.0416
运行阶段	0.3302	监管环境	0.0611	核心监管指标	0.0384
				非核心监管指标	0.0227
		金融法治	0.0946	法律强度指数	0.0418
				金融法律法规数量	0.0528
		税费	0.1444	税收指数	0.0298
				利润税	0.0562
				劳务税	0.0197
				其他税	0.0387
		市场竞争	0.0301	银行集中度	0.0301
退出阶段	0.1868	投资者保护	0.0817	投资者保护指数	0.0329
				股东权利指数	0.0263
				披露指数	0.0225
		办理破产	0.1051	办理破产指数	0.0311
				金融风险化解指数	0.0280
				存款保险最高赔付	0.0460

利用各项指标数据及指标权重，计算得到 8 个国际金融中心城市的金融营商环境评估得分，结果如图 2 所示。综合来看，新加坡金融营商环境得分最高，与纽约、法兰克福、伦敦同处第一梯队，苏黎世与悉尼次之，东京和上海排在最末，上海的金融营商环境与其他几个国际金融中心仍有明显的差距，这种差距尤其体现在进入阶段、运营阶段和退出阶段。

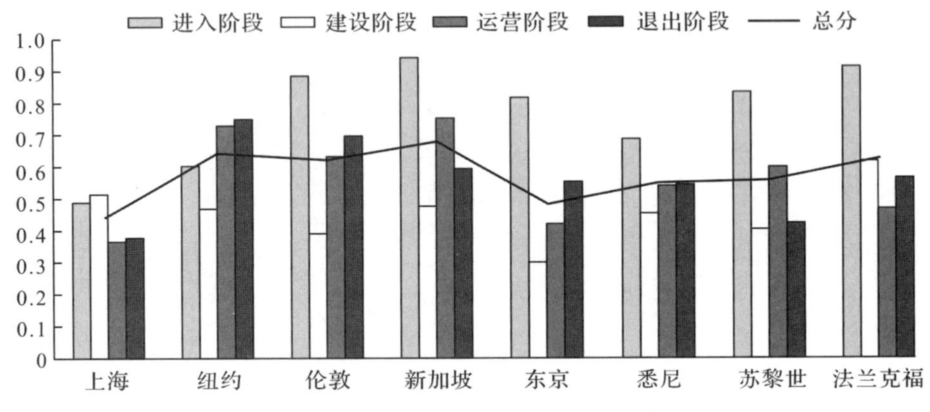

图 2　主要国际金融中心金融营商环境评估得分

进一步，从二级指标来看，在进入阶段，市场准入是上海金融营商环境的主要薄弱项，仅得到 0.29 分，为 8 个城市中最低者，资金进入金融行业的难度较大。在业务自由度方面，上海得到 0.75 分，处于平均水平，金融机构的业务范围未受过多限制。详见图 3。

在建设阶段的几个二级指标中，上海得分差异明显，在基础设施建设方面，上海以 0.81 的高分居于第一，优势明显。但在人力资本和专业服务方面，上海得分均为 0.1 分，均是 8 个城市中的最低分，且与其他城市差距较大，表明上海在建设国际金融中心过程中，高端专业人才还存在较大缺口。详见图 4。

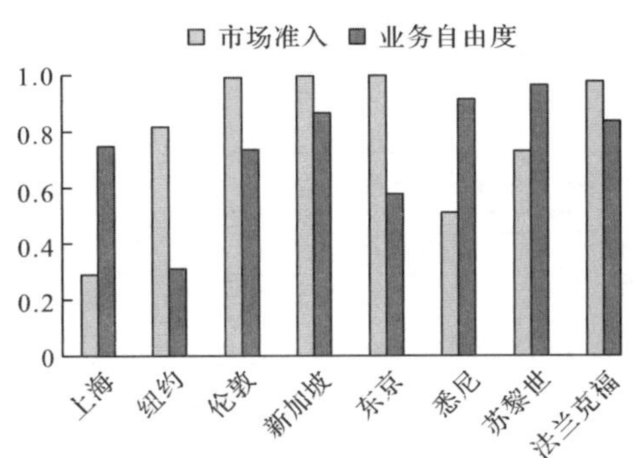

图 3　进入阶段各城市二级指标得分

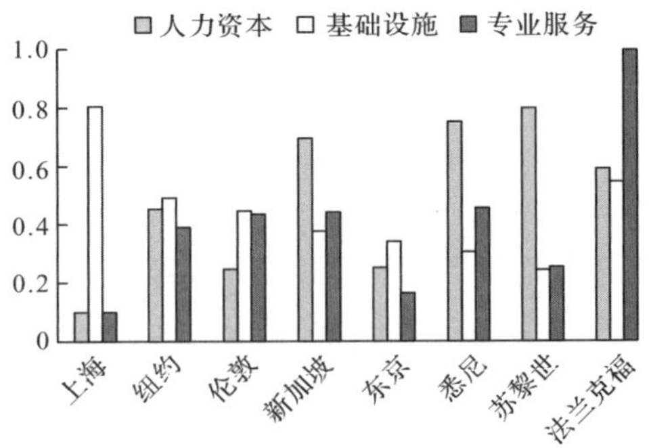

图 4　建设阶段各城市二级指标得分

在运营阶段，上海在监管环境方面仅得到 0.1 分，反映出上海在现代化金融体系建设方面仍存在不足。在金融法治方面，上海得分为 0.38 分，法治体系仍存在较大的完善空间。在税费方面，上海得分为 0.33 分，相对于其他国际金融中心，上海的金融机构税收压力较大。在市场竞争方面，上海得分为 0.96 分，金融机构垄断程度不高，竞争较为充分。详见图 5。

在退出阶段，上海的投资者保护体系建设相对完善，得到 0.69 分，排在新加坡与伦敦之后。在办理破产方面，上海得分为 0.14 分，排在末位，体现出办理破产手续和风险化解的能力相对薄弱。详见图 6。

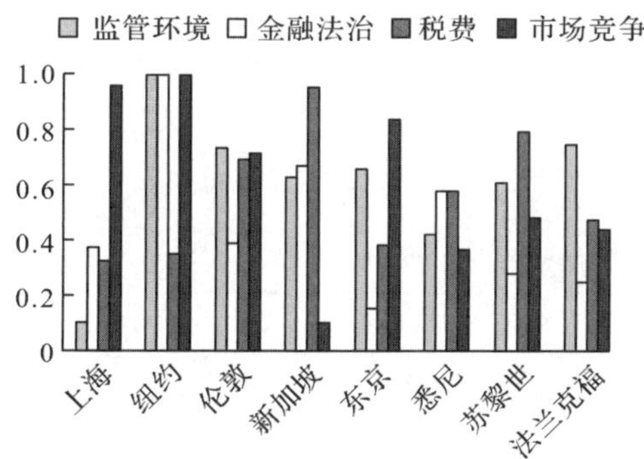

图 5　运营阶段各城市二级指标得分

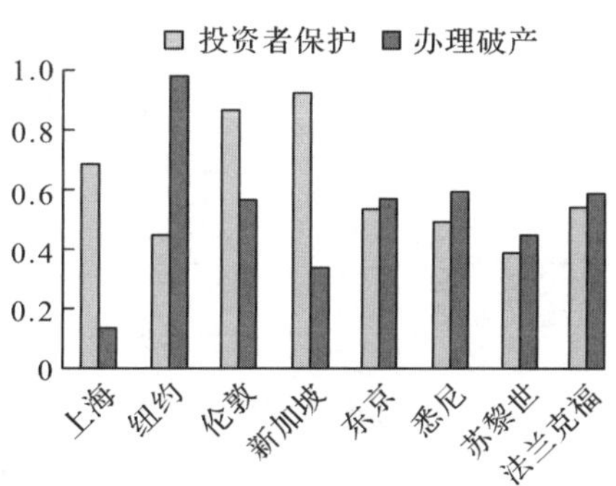

图 6　退出阶段各城市二级指标得分

(二)长三角地区金融营商环境评估

上海国际金融中心金融营商环境评估是基于国际视角，侧重上海与伦敦、纽约等国际金融中心的比较。由于一国金融营商环境差异不大，长三角地区金融营商环境评估主要基于区域发展视角，侧重于区域金融一体化，分析浙、苏、皖三省与上海国际金融中心这一高地的差距以及各自优劣势，为如何更好地实现长三角地区金融营商环境方面资源共享、优势互补，加快推进金融一体化，更好地支持和服务长三角经济一体化提供思路。

基于前文金融营商环境内涵的界定，结合金融一体化视角，对金融营商环境指标体系进行整合再分类，从市场开放竞争程度、金融业态丰富度、金融基础设施完善度、金融人才集聚度、法治和监管健全度、政务便利与政策支持度等六个方面，对长三角地区“三省一市”金融营商环境进行对比评估，具体指标体系构架及指标定义见表 3。

表3　长三角地区金融营商环境评估指标体系

一级指标	二级指标	指标解释
市场开放程度	市场化指数	《中国分省份市场化指数报告》
	外资金融机构数量	数据来源于 Wind 数据库
	民营银行数量	数据来源于 Wind 数据库
金融业态丰富度	直接融资占比	(企业债券+股票融资)/社会融资总量
	中小银行资产占比	城商行、农商行资产规模/银行业资产规模
	要素市场数量	2018长三角金融发展研究报告
	法律、会计、评级机构数量	具备银行间市场、证券期货市场从业资格的法律会计、评级机构数量
金融基础设施完善度	创建社会信用体系建设示范城市数量	前两批社会信用体系建设示范城市
	企业征信机构数量	数据来源于互联网
	第三方支付机构数量	数据来源于互联网
	金融科技中心指数	中国金融科技中心指数
金融人才集聚度	金融从业人员占常住人口比重	数据来源于 Wind 数据库
	金融业工资收入与全社会平均工资比值	数据来源于 Wind 数据库
	金融人才环境指数	中国金融中心指数(CDI CFCI)
法治和监管健全度	商事案件审结与新增比率	数据来源于互联网
	银行保险业行政处罚信息数量	数据来源于互联网
	法治政府评估指数	《中国法治政府评估报告》
政策便利与支持度	政府网上政务服务能力	《省级政府和重点城市网上政务服务能力调查评估报告》
	金融专项政策数量占比	2018长三角金融发展研究报告
	金融业增加值税负水平	数据来源于 Wind 数据库

类似上海国际金融中心营商环境评估的赋权方式，我们选取熵值法对指标权重进行确定，并对数据进行标准化处理，最终计算得到三省一市金融营商环境的综合得分及各项一级指标得分。从评估结果来看，上海作为国际金融中心，在金融营商环境方面独占鳌头，整体水平明显高于浙、苏、皖三省；在金融业态丰富度、金融基础设施完善度、金融人才集聚度、政策便利与支持度等四个方

面优势显著。江苏、浙江两省的金融营商环境水平旗鼓相当，处于长三角地区第二梯队，其中，浙江在市场开放程度方面具有一定的优势，这一指标的得分甚至略高于上海；江苏则在法治和监管健全度方面处于长三角地区领先水平。相对来讲，安徽金融营商环境水平在三省一市中处于劣势，与上海国际金融中心这一龙头的差距较为显著，六个一级指标得分也全面落后于上海、江苏、浙江三地。

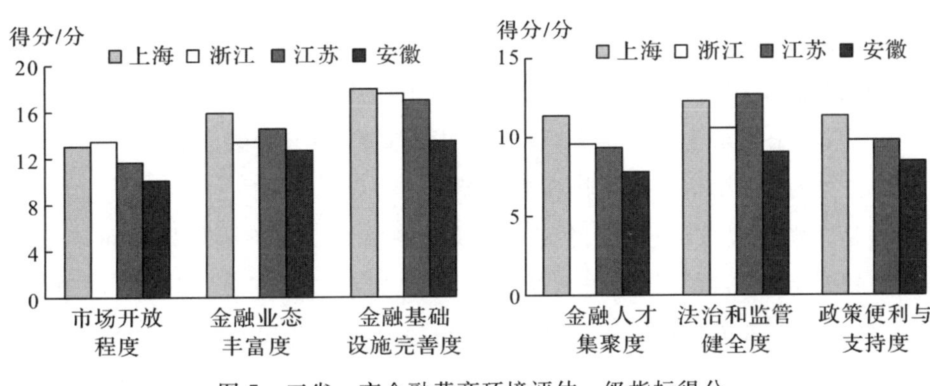

图 7　三省一市金融营商环境评估一级指标得分

二、金融营商环境存在的问题和不足

基于金融营商环境评估结果的初步分析，上海与其他国际金融中心金融营商环境的差距主要体现在市场准入、人力资本、金融中介、法制监管、税费和市场退出等六个方面。从区域一体化发展视角来看，长三角地区金融营商环境在区域的整体性、协同性、互补性等方面存在一定的不足。

（一）上海国际金融中心层面

一是金融开放程度低，外资金融机构发展受限。外资机构在华设立经营仍存在一定的隐性限制，如对境外机构的总资产规模、经营年限、股东类型、持股比例等规定了具体数量的门槛。2018 年末外资银行总资产占全部银行总资产比例为 1.72％，较 2017 年末下降 0.05％。

二是金融人才吸引力不足，供需存在结构性矛盾。金融人才紧缺主要缘于人才培养方式与实践脱节，以及软硬件环境对人才吸引力不足等。2018年上海金融相关行业从业人员为35.54万人，占全部就业人口的比重为2.59％，远低于同期其他国际金融中心的水平。

三是专业服务业发展落后，专业技术人才紧缺。专业服务业发展水平落后于金融业的发展，无法满足上海国际金融中心建设需求。上海咨询业行业协会数据显示，2017年上海金融相关专业服务业从业人员仅为3.02万，远低于其他国际金融中心的水平。

四是金融法律体系不完善，监管制度抑制金融创新。金融立法的指导思想相对滞后，立法中禁止性规定多，鼓励和引导性条文少；金融立法中重复规定与立法真空并存，法律执行的可操作性较差。

五是金融业税收负担重，税负制度缺乏竞争力。如跨境贷款合同印花税、非居民银行账户利息预提税等在大部分国家都不予以征收，属于不合理的税负；金融从业人员税负偏高，个人薪酬所得税最高边际税率45％，对薪酬较高的高端金融人才影响较大。

六是金融机构破产机制不健全。在金融机构市场退出方面缺少健全的法律法规，仍依靠政府干预处理，对于出险金融机构的处置，更多的是风险转嫁，而不是风险出清。

(二)长三角一体化层面

一是区域市场对内对外开放、竞争程度不够。如浙、苏、皖三地外资金融机构数量总和不及上海一半；民营资本进入金融业仍存在诸多门槛，金融业民营成分并不高；区域内行政分割造成的金融资源分割及地方保护主义仍然存在。

二是区域要素市场及金融业态未有效整合。金融要素市场的互通互联和共享程度不高，部分功能相同的区域性要素市场处于相互割裂、发展停滞状态；金融专业服务机构的数量和规模仍有限，分布不均衡，如信用评级、资产评估等高端金融专业服务机构大都集中在上海。

三是区域金融基础设施一体化建设缓慢。区域内社会信用信息的采集仍处于孤立状态，守信、失信行为认定标准及政策措施的互认尚未统一；区域支付体系联通与应用有待突破，如城商行资金清算、银行本票流通等区域一体化进展缓慢，支付工具协同应用空间有待拓展。

四是区域金融人才环境整体有待提升。金融人才总量不足，专业水平不高，金融人才共享机制尚未建立，人才区域流动不畅。2018 年，长三角地区金融人才的城市间流动比例为 9.35％，上海金融人才“只进不出、虹吸效应”越发明显。

五是区域金融法治水平较低，协同监管不到位。如长三角地区外汇管理协同监管存在一定障碍。目前，个别企业会出现在长三角区域内异地办理业务（如注册地在上海的企业在浙江辖内银行办理业务），对此，银行所在地外汇局较难了解企业的主体情况，后续监管难度较大。

六是区域政务环境不一，金融政策缺乏协同。行政和市场壁垒仍是影响区域一体化的“绊脚石”，一定程度上影响各地各级政府的服务效率和政务一体化进程。各省市的金融政策缺乏协同，如上海在金融开放方面走在前列，但除南京、杭州外，其他城市鲜有对接上海开放性金融政策的相关举措。

三、优化金融营商环境的政策建议

根据评估结果及分析，下一步，优化长三角地区金融营商环境，需从两个层面着手，一是进一步深化上海国际金融中心建设，着重打造适宜各类金融机构展业的软硬件环境，进一步发挥龙头辐射效应；二是从长三角金融一体化的视角，进一步推进区域金融业对内对外开放，推动区域金融市场、金融人才等资源整合、联动发展，强化金融基础设施互联互通、协同应用。

（一）上海国际金融中心金融营商环境优化

一是进一步放宽外资金融机构限制条件。进一步放宽市场准入条件、拓宽外资机构业务经营范围，如给予外资机构参与创新型试点业务的同等机会。在审慎监管前提下，进一步减少外资机构的行政许可事项，研究将更多事前审批改为事后报告。

二是进一步强化金融人才池建设。在金融人才薪酬激励、个税体制政策等方面逐步和国际接轨，并给予适度政策倾斜。提升金融人才培养能力，培养具有国际视野和创新能力的高端金融人才。

三是进一步提升专业服务业水平。优先发展专业服务业，将专业服务业作为一个战略性产业来重点支持和发展。推进专业服务业知识产权保护立法，提升上海承接国际专业服务业务的能力。

四是进一步优化法治监管环境。根据实际需要对具体金融业务中的规定进行调整和完善，减少限制金融市场业务发展的规定。推动非官方监管机制创新，发挥社会监督功能及行业自律功能。优化金融司法环境，健全诉讼与非讼机制的衔接，完善多元化纠纷解决机制。

五是进一步减轻金融业税收负担。参照其他国际金融中心税收制度，免征或减征不合理税目。对重点发展的金融业细分产业和金融创新产品给予适度税收优惠，对重点发展金融人才提供优惠所得税率。

六是进一步完善金融机构破产保护制度。健全相关法律法规，完善金融机构有序破产的配套设施，实现市场化风险处理机制和规范化破产程序。

(二)长三角地区金融营商环境优化

一是进一步推进区域金融业对内放开和对外开放。构建长三角地区市场化竞争规则，协同清理和废除相关体制机制障碍；切实降低准入门槛，提升区域内民营资本进入金融领域的广度和深度；协作推进长三角地区金融业错位开放，吸引各类金融机构在区域内设点展业，集聚发展。

二是进一步推动区域金融市场资源整合、联动发展。推进区域内各类要素市场分工协作，打造跨区域多层次要素市场，如推动上海期货交易所与浙江自贸试验区合作建设油品交割基地。促进区域内专业服务业的市场培育与资源整合，有效提升长三角地区金融中介服务水平。

三是进一步强化基础设施互联互通、协同应用。加快建设信用长三角一体化信息平台，打造长三角信用大数据资源池。着力推动支付清算体系一体化，联合打造长三角移动支付示范区，提升跨区域移动支付服务水平。

四是进一步推动区域金融人才有效集聚。通过政策叠加、服务叠加、资源叠加等方式，加大对紧缺急需金融人才开发的力度。建立长三角地区统一共享、流通顺畅的金融人力资源市场，促进人才资源特别是高层次人才在区域间合理流动、有效配置。

五是进一步健全区域金融法治和监管协调、统一。加快形成长三角区域内统一透明的金融法治环境，破除地方保护壁垒。创新金融协同监管机制，加强规则一致性，防止跨区域套利。构建长三角金融风险处置联动机制，有效防范区域性金融风险。

六是进一步提升区域商事便利与政策支撑。发挥长三角“放管服”改革先行示范优势，建立一体化的政务网平台。强化长三角区域政策引导的衔接协同，实现优势互补、协同发展。发挥制度创新的叠加效应，加快现有长三角区域金融改革成功经验的总结复制与推广。

聚焦“四个畅通”深入实施融资畅通工程

浙江银保监局

2019年以来，按照省委省政府工作部署，浙江银保监局深入实施“融资畅通工程”，聚焦六个标志性指标，全面推进政策、流程、流向、信息“四个畅通”，推动金融供给充足有效、资金投放更准更实，为我省民营经济高质量发展提供了有力的金融保障。

一、全面完成六个标志性指标

（一）信贷总量稳步增长

着力保障全省信贷投放稳定增长，推动更多信贷资源向民营和小微企业倾斜。截至2019年末，全省贷款余额12.18万亿元，同比增长15.10%，比年初增加1.58万亿元。其中，小微企业贷款余额3.92万亿元，继续位居全国首位，比年初增加4682亿元；民营企业（私人控股企业和个人经营性企业）贷款余额4.84万亿元，比年初增加5888亿元，贷款余额占全部企业贷款余额的57.45%。民营企业贷款占比居全国前列。

（二）信贷结构持续优化

围绕制造业贷款、信用贷款、科创企业贷款等企业融资的“短板”和“痛点”，持续推动信贷投放更加匹配企业融资需求。截至2019年末，全省制造业贷款余额2.38万亿元，比年初增加1716亿元，余额居全国首位。银行业对制造业信贷资源配置的倾斜力度明显高于其他地区。企业信用贷款余额1.50万亿元，占企业贷款余额的17.43%，比年初上升0.61个百分点。2019年末银行业服务科技型企业4.36万户，贷款余额6514亿元，当年累计投放8246亿元。

（三）信贷效率明显提升

推行企业融资“最多跑一次”，不断提升获得信贷的便利化。大型银行下放的审批权限已基本恢复到本轮风险暴露前水平。银行线上业务快速发展，企业初贷和续贷时间大大缩短，转贷效率全国最高。依托省金融综合服务平台，不动产抵押贷款抵押登记办理时间从5～8个工作日缩短至5小时。同时，大力实施银行减费让利、小微企业融资收费综合治理、保险代替保证金等降成本政策，取得明显成效。2019年，辖内银行机构普惠型小微企业贷款平均利率（不含网商银行）6.71％，比2018年全年下降0.7个百分点。全辖在各领域共实现保证保险保费超过1亿元，释放各类保证金超过1492亿元。

二、全力推进“四个畅通”

（一）破除政策传导盲点，全力推进政策畅通

深入开展“三服务”活动，启动“线上＋线下”企业家金融政策和风险教育系列宣讲。2019年，辖内银行保险机构面向企业累计开展宣讲会1.3万场次，培训企业家9万余人次。我局走访企业842家次，帮助解决问题561个；组织银行保险机构走访企业11.7万家次，帮助解决问题5万个。高度重视各项惠企政策的转化、传导、落实，推动银行机构建立健全“敢贷、愿贷、能贷”的工作机制。辖内绝大部分银行已将服务民营和小微企业纳入绩效考核或对其加大奖惩力度，制定相应的尽职免责制度和容错纠错机制，给予小微企业贷款更高不良容忍度等倾斜政策，金融服务民营和小微企业的长效机制已初步成形。

（二）缓解信息不对称痛点，全力推进信息畅通

推出联合会商帮扶机制，梳理对接510家授信10亿元以上的大型企业清单，重点稳固好这批浙江经济的“顶梁柱”。牵头建设浙江省金融综合服务平台，努力缓解信息不对称的融资痛点，服务于量大面广的中小微企业。平台已于 2019 年 11 月 13 日世界浙商大会上发布上线，实现了省税务局、省发改委等 54 个部门的数据共享。目前已经进入边应用推广边迭代升级阶段。

（三）聚焦提高企业获得感，全力推进流向畅通

开展“4＋1”小微金融差异化细分服务，将小微企业细分为小微园区型、供应链型、科创型、吸纳就业型等 4 种主要类型，分别制定相应金融服务方案，实施精准分层服务。截至 2019 年末，辖内银行业对首批公示的 422 个小微企业园、3.4 万家入园企业贷款余额达 584 亿元；服务供应链核心企业 443 家，上下游小微企业 1.37 万家，涉及表内外融资余额 1306 亿元。对 1290 家重点制造业企业、888 家重点外贸企业，建立监测评估机制，加强专项金融支持。深化银保合作，积极发展小额贷款保证保险为企业融资增信；在金华、衢州“政银保”合作试点活体抵押贷款，在温州创新“信保贷”产品，把银行信用与保险保障有机结合起来，为实体企业提供多样化金融服务。

（四）疏通授信审批堵点，全力推进流程畅通

针对企业反映强烈的贷款手续繁、短贷长用、频繁转贷等问题，大力实施获得信贷便利化行动。督促银行机构建立全流程限时办结制度，减环节、减时间、减材料，缩短融资链条。推出贷款续贷沟通工作机制，深化还款方式创新，推动小微企业无还本续贷增量扩面，减少企业经常性贷款周转。截至 2019 年末，全省普惠型小微企业无还本续贷余额 1960 亿元，同比增长 97.1%。深化中期流动资金贷款服务，探索推进中期贷款内嵌年审制、中期授信内嵌预审制、循环式等 3 类服务模式，贷款实际使用期限最长可达 3 年，科学匹配企业生产经营周期。辖内中期流贷余额 5425 亿元，预计可为企业节约转贷成本超 50 亿元。

三、有关建议

（一）强化社会信用环境治理在省域治理现代化中的作用

加快推进全省一体化公共信用信息平台建设，完善守信联合激励、失信联

合惩戒机制，推动公共信用资源的有效利用。加大对逃废债的打击力度，对部分金融生态环境受损地区加强督导，推进信用重建工作。完善多层级政策性担保体系建设，深化政银保合作，发挥保险融资增信等功能，健全民营企业增信体系。

(二)更精准支持制造业高质量发展

受疫情影响，我省制造业企业经营状况分化将加剧，行业实现高质量发展面临更大挑战，需要分类施策予以精准支持。建议对重点骨干企业，在确保其稳定经营的前提下，支持扩大再生产，甚至并购重组其他面临困难的企业，通过市场化的兼并重组过程，优胜劣汰，尽快形成我省新的产业格局；对量大面广的小微企业，制定综合性的扶持政策，在税收、融资、社保等方面予以支持，确保实现平稳过渡。

(三)科学处置地方经济发展与风险暴露的关系

在此次疫情中，大量企业受到冲击，虽然各方都在采取积极的帮扶措施，但不可避免仍会有不少企业受疫情影响而出险，可能影响区域信贷资产质量。建议督促各级地方政府合理设定区域信贷资产质量考核目标，支持银行机构真实反映不良贷款，减少在处置不良资产过程中的干预行为，推动降低银行事实风险，实现轻装上阵，为银行机构进一步下放信贷审批权限、腾挪信贷规模、更好地服务实体经济创造良好条件。

大　事　记

2019 年度杭州金融服务业大事记

1 月 3 日　浙江银保监局组织召开浙江银行业联合会商帮扶机制推进会。

1 月 13 日　连连支付院士工作站正式揭牌。

1 月 24 日　中国人民银行杭州中心支行和浙江省工商业联合会共同签署《优化民营企业金融服务合作框架协议》，共建优化民营企业金融服务五项机制。

1 月份　上城、下城、江干、萧山、富阳等 5 个区政府陆续单设金融工作办公室。

2 月 15 日　市委常委、副市长姚峰代表市政府参加 G60 科创走廊九城市与上交所战略合作签约仪式。

2 月 20 日　全省取消企业银行账户许可动员部署电视电话会议在杭召开，中国人民银行杭州中心支行部署全省取消企业银行账户许可工作。

2 月 26 日　拱墅区企业德信中国在港交所上市。

3 月 11 日　萧山区企业开元酒店在港交所挂牌上市。

3 月 13 日　市金融办与上交所合作举办科创板政策指引杭州专场解读会。

3 月 13 日　国家外汇管理局浙江省分局在杭州召开"纪念国家外汇管理局成立 40 周年座谈会"。

3 月 15 日　江干区企业滨江服务在港交所挂牌上市。

3 月 25 日　西湖区企业每日互动在深交所创业板挂牌上市。

3 月 31 日　市委办公厅、市政府办公厅下发《关于调整杭州市人民政府金融工作办公室"三定"规定的通知》，市金融办设立金融稳定处，挂法规处牌子。

3 月份　做好融资担保机构、典当行等地方金融组织监管职能的转隶工作。

3 月份　拱墅区政府单设金融工作办公室。

4月初 荣盛集团、恒逸集团和华立集团等的3个中期票据项目在银行间债券市场成功发行，标志着全国首批民营企业中长期债券融资支持工具在杭顺利落地，开创副省级城市与中债增合作模式。

4月3日 江干区企业如涵科技在美国纳斯达克上市。

4月3日 浙江银行业“融资畅通工程”推进会召开。

4月11日至5月31日 完成杭州市融资租赁企业的调查摸底工作并建立企业档案。

4月12日 滨江区企业迪普科技在深交所创业板挂牌上市。

4月15日至5月20日 完成典当企业年审及分类评级工作。

4月26日 余杭区企业运达股份在深交所创业板挂牌上市。

4月 根据浙江证监局移送的相关证据和线索，杭州市拱墅区公安局对金诚集团涉嫌非法集资立案侦查。

5月3日 下城区企业云集在美国纳斯达克上市。

5月7日 西湖区企业兑吧在港交所上市。

5月8日 顾家集团成功发行3亿元中期票据，为全省首单通过中长期民营企业债券融资支持工具发行的AA级民企中票项目。

5月14日 完成2018年度小贷公司监管评级。

5月15日 中国证监会副主席赵争平一行来杭调研。

5月21日 浙江省“征信服务小微与民营企业”专题宣传活动启动仪式在杭举办。

5月22日 浙江省企业家金融政策和风险教育第一期宣讲活动顺利开展。

5月25日 第五届全球私募基金西湖峰会在杭举办。

5月30日 全市金融工作会议暨打造杭州国际金融科技中心推进大会召开。《杭州国际金融科技中心建设专项规划》正式发布。

5月30日 杭州金融综合服务平台上线运行。

5月30日 农业银行总行、交通银行总行、兴业银行总行、中信银行总行、浦发银行总行、长城资产管理总公司与市政府签署战略合作协议。

5月 开展全民“携手筑网·同防共治”防范非法集资宣传月活动。

6月14日 杭可科技通过上交所科创板上市委审议，成为我省在科创板领域首位“过关”的企业。

6月17日 中国人民银行杭州中心支行在浙江宾馆召开全省金融债券与信贷资产证券化发行管理推进会。

6月18日 浙江银保监局余杭监管组挂牌成立。

6月27日 “中国·杭州金融科技峰会暨杭州金融城启动”活动在杭州举办。

6月27日 建德区企业新化股份在上交所主板上市。

6月28日 余杭区企业途屹控股在港交所上市。

6—9月 对杭州市小额贷款公司开展了专项审计调查。

7月4日 全市处置非法集资工作部署会议召开。

7月22日 滨江区企业虹软科技在上交所科创板上市。

7月22日 萧山区企业杭可科技在上交所科创板上市。

7月26日 萧山区企业胜达包装在上交所主板上市。

8月13日 浙江证监局组织召开辖区期货监管工作会议。

8月15日 中国人民银行杭州中心支行、浙江省工商业联合会共同举办浙江省“万家民企评银行”活动启动仪式。

8月30日 上城区企业南华期货在上交所主板上市。

8—12月 开展了杭州市2019年融资担保行业清理整顿暨集中换证工作。

9月2日 中国人民银行杭州中心支行联合浙江银保监局、浙江证监局、浙江省网信办、浙江省地方金融监管局启动浙江省2019年“金融知识普及月 金融知识进万家 争做理性投资者 争做金融好网民”活动。

9月17日 浙江银行业“稳外贸 防风险 促合作”外贸企业集中宣讲活动举行。

9月25日 省级金融机构与萧山区深化合作恳谈会召开。

9月26日 澳门国际银行杭州分行开业。

9月27日 钱塘新区企业壹网壹创在深交所创业板上市。

9月27日 浙江省金融学会在杭州召开第九届会员代表大会。

10月22日 钱塘新区企业米奥兰特在深交所创业板上市。

10 月 25 日 滨江区企业网易有道在纽交所上市。

10 月 29 日 2019 全球数字金融发展和治理研讨会暨全球数字金融中心启动仪式在杭举行，签约落地世界银行全球数字金融中心。中国互联网金融协会会长李东荣、世界银行战略与业务局局长樊启森参会并致辞。

11 月 1—3 日 第三届(2019)钱塘江论坛在杭举办。

11 月 5 日 滨江区企业安恒信息在上交所科创板上市。

11 月 6 日 滨江区企业鸿泉物联在上交所科创板上市。

11 月 7 日 钱塘江金融港湾党建联盟成立仪式在杭州举行。

11 月 9 日 国际高端金融人才钱塘论坛在杭举办，《2019 金融科技中心城市报告》发布。

11 月 12 日 第五届世界浙商大会“金融服务实体经济”论坛在浙江省人民大会堂举行。

11 月 14—15 日 中国证监会易会满主席赴浙江调研，实地走访 2 家杭州上市公司，并主持召开部分上市公司座谈会，听取提高上市公司质量的意见建议。

11 月 19 日 浙江银行业保险业“金融赋能 助力创新”科技企业金融政策和风险教育集中宣讲活动召开。

11 月 26 日 萧山区企业浙商银行(A 股)在上交所主板上市。

11 月 28 日 中国人民银行杭州中心支行和杭州市中级人民法院共同签署《关于深化合作共同推进企业破产(重整)工作若干问题的纪要》。

11 月 29 日 浙江省召开金融科技应用试点工作部署会，正式启动金融科技应用试点。

12 月 4 日 浙江星智融资担保有限公司获批设立。

12 月 7 日 中国银行杭州市分行成立。

12 月 10 日 滨江区企业启明医疗在港交所上市。

12 月 11 日 滨江区企业当虹科技在上交所科创板上市。

12 月 18 日 时任省委书记车俊调研我市“融资畅通工程”推进情况。

12 月 20 日 全国城商行首个理财子公司杭银理财有限责任公司获批开业。

12 月 24 日 传化集团财务有限公司获批开业。

12 月 30 日 浙江人才小额贷款有限公司设立。

2019 年杭州市经济金融主要指标

2019 年杭州市金融主要指标

指标	计量单位	2019 年	同比增长
全市生产总值	亿元	15373	6.8%
其中:第三产业	亿元	10172	8.0%
金融业增加值	亿元	1789	9.1%
社会融资规模增量	亿元	8087.87	−7.9%
金融机构本外币存款余额	亿元	45286.99	13.8%
金融机构本外币贷款余额	亿元	42245.17	15.4%
证券经营机构代理交易额	万亿元	17.3	25.8%
期货经营机构代理交易额	万亿元	35.2	30.7%
在中基协备案的私募基金管理人管理资产规模	亿元	5837.26	14.8%
保费收入	亿元	846.27	27.5%
保险赔付支出	亿元	243.08	19.9%
期末境内外上市公司数	家	192	比年初新增 22 家
其中:境内	家	146	比年初新增 13 家
期末小贷公司贷款余额	亿元	119.3	−9.6%
期末融资担保责任余额	亿元	595.0	23.5%
期末典当余额	亿元	32.8	12.0%

机构名录

杭州市银行机构名录

（截至 2019 年 12 月 31 日）

序号	机构名称	机构地址	联系方式
1	国家开发银行浙江省分行	杭州市江干区城星路 69 号	0571-89778066
2	中国进出口银行浙江省分行	杭州市下城区教场路 18 号	0571-87851888
3	中国农业发展银行浙江省分行	杭州市下城区建国北路 283 号双牛大厦	0571-87299110
4	中国工商银行股份有限公司浙江省分行	杭州市上城区中河中路 150 号	0571-87336188
5	中国农业银行股份有限公司浙江省分行	杭州市江干区江锦路 100 号	0571-87226000
6	中国银行股份有限公司浙江省分行	杭州市下城区凤起路 321 号	0571-87021384
7	中国建设银行股份有限公司浙江省分行	杭州市江干区解放东路 33 号	0571-85313228
8	交通银行股份有限公司浙江省分行	杭州市江干区四季青街道剧院路 1-39 号	0571-87073388
9	浙商银行股份有限公司	杭州市下城区庆春路 288 号	0571-87659676
10	中信银行股份有限公司杭州分行	杭州市江干区四季青街道解放东路 9 号	0571-87032888
11	上海浦东发展银行股份有限公司杭州分行	杭州市上城区延安路 129 号	0571-87790119
12	华夏银行股份有限公司杭州分行	杭州市江干区四季青街道香樟街 2 号泛海国际中心 2 幢 2—3 层、21—36 层	0571-87239110

续表

序号	机构名称	机构地址	联系方式
13	招商银行股份有限公司杭州分行	杭州市西湖区杭大路23号	0571-85789028
14	广发银行股份有限公司杭州分行	杭州市下城区延安路516号	0571-87060722
15	平安银行股份有限公司杭州分行	杭州市下城区庆春路36号	0571-87568666
16	中国民生银行股份有限公司杭州分行	杭州市江干区钱江新城市民街98号尊宝大厦金尊1层、6－18层、36层	0571-87239790
17	兴业银行股份有限公司杭州分行	杭州市下城区庆春路40号	0571-87370710
18	中国光大银行股份有限公司杭州分行	杭州市拱墅区密渡桥路1号浙商时代大厦1－14层	0571-87895358
19	恒丰银行股份有限公司杭州分行	杭州市下城区建国北路639号	0571-85086024
20	渤海银行股份有限公司杭州分行	杭州市下城区体育场路117号	0571-28119879
21	中国邮政储蓄银行股份有限公司浙江省分行	杭州市下城区百井坊巷87号	0571-87335016
22	中国华融资产管理股份有限公司浙江省分公司	杭州市上城区开元路19-1、19-2号	0571-87836725
23	中国长城资产管理股份有限公司浙江省分公司	杭州市下城区邮电路23号浙江长城资产大楼8、9两层及附楼	0571-85167890
24	中国东方资产管理股份有限公司浙江省分公司	杭州市下城区庆春路225号西湖时代广场五楼	0571-87163369
25	中国信达资产管理股份有限公司浙江省分公司	杭州市下城区延安路528号标力大厦B座11－12层	0571-85774691
26	杭州银行股份有限公司	杭州市下城区庆春路46号	0571-85107792

续表

序号	机构名称	机构地址	联系方式
27	上海银行股份有限公司杭州分行	杭州市江干区新业路200号	0571-87560235
28	宁波银行股份有限公司杭州分行	杭州市西湖区保俶路146号	0571-87205999
29	北京银行股份有限公司杭州分行	杭州市江干区五星路66号	0571-86996502
30	南京银行股份有限公司杭州分行	杭州市下城区凤起路432号金都杰地大厦	0571-81135987
31	江苏银行股份有限公司杭州分行	杭州市西湖区天目山路38—42号浙江出版集团大厦东侧1—3层	0571-88359666
32	浙江泰隆商业银行股份有限公司杭州分行	杭州市上城区望江东路59号	0571-81117888
33	浙江稠州商业银行股份有限公司杭州分行	杭州市上城区富春路168号	0571-87137788
34	浙江民泰商业银行股份有限公司杭州分行	杭州市拱墅区莫干山路268号	0571-87209665
35	温州银行股份有限公司杭州分行	杭州市下城区仙林桥直街3号仙林大厦	0571-87338001
36	台州银行股份有限公司杭州分行	杭州市江干区城星路59号101室、1401室	0571-86893535
37	金华银行股份有限公司杭州分行	杭州市西湖区保俶路238号1幢	0571-28289961
38	宁波通商银行股份有限公司杭州分行	杭州市江干区西子国际中心103室	0571-81727313
39	浙江网商银行股份有限公司	杭州市西湖区学院路28—38号德力西大厦1号楼15—17层	0571-22907414
40	杭州联合农村商业银行股份有限公司	杭州市上城区建国中路99号	0571-87923272

续表

序号	机构名称	机构地址	联系方式
41	浙江萧山农村商业银行股份有限公司	杭州市萧山区人民路 258 号	0571-82712929
42	浙江杭州余杭农村商业银行股份有限公司	杭州市余杭区南苑街道南大街 72 号	0571-86234561
43	浙江富阳农村商业银行股份有限公司	杭州市富阳区鹿山街道依江路 501 号	0571-63334386
44	浙江桐庐农村商业银行股份有限公司	杭州市桐庐县迎春南路 278 号	0571-64218816
45	浙江临安农村商业银行股份有限公司	杭州市临安区锦城街道城中街 442 号	0571-63726218
46	浙江建德农村商业银行股份有限公司	杭州建德市新安江街道新安东路 126 号	0571-64735221
47	浙江淳安农村商业银行股份有限公司	杭州市淳安县千岛湖镇环湖北路 369 号	0571-64813958
48	浙江建德湖商村镇银行股份有限公司	杭州市建德市新安东路 247 号	0571-64791825
49	浙江桐庐恒丰村镇银行股份有限公司	杭州市桐庐县迎春南路 86 号	0571-69813009
50	浙江临安中信村镇银行股份有限公司	杭州市临安区锦城街道石镜街 777 号	0571-61109026
51	浙江淳安中银富登村镇银行有限责任公司	杭州市淳安县千岛湖镇新安南路 15—51 号	0571-65092228
52	浙江余杭德商村镇银行股份有限公司	杭州市余杭区塘栖镇广济路 273—287 号	0571-89028500
53	浙江萧山湖商村镇银行股份有限公司	杭州市萧山区宁围镇市心北路 229 号	0571-83515800
54	浙江富阳恒通村镇银行股份有限公司	杭州市富阳区富春街道金桥北路 8 号	0571-58836666

续表

序号	机构名称	机构地址	联系方式
55	建德市大同镇桑盈农村资金互助社	杭州市建德市大同镇新街2号	0571-64585686
56	浙江南浔农商行临安支行	杭州市临安区城中街638号	0571-61092205
57	浙江南浔农商行富阳支行	杭州市富阳区富春街道桂花西路97号	0571-61792305
58	三井住友银行(中国)有限公司杭州分行	杭州市下城区延安路385号杭州嘉里中心2幢5楼	0571-28891111
59	东亚银行(中国)有限公司杭州分行	杭州市江干区万象城2幢101-01室、1701室、1703-02室	0571-89812288
60	汇丰银行(中国)有限公司杭州分行	杭州市江干区钱江路1366号万象城2幢2001-01、2001-02、2001-08、2003-02、2003-03室	0571-89811266
61	花旗银行(中国)有限公司杭州分行	杭州市下城区庆春路118号嘉德广场1301、1308室	0571-87229088
62	恒生银行(中国)有限公司杭州分行	杭州市下城区延安路385号杭州嘉里中心2幢(商)1号及2幢7层701、702室	0571-87296178
63	渣打银行(中国)有限公司杭州分行	杭州市下城区延安路385号杭州嘉里中心2幢6层604单元	0571-87365355
64	南洋商业银行(中国)有限公司杭州分行	杭州市滨江区江南大道3688号通策广场2幢101—201室	0571-87786000
65	星展银行(中国)有限公司杭州分行	杭州市西湖区教工路18号世贸丽晶城欧美中心1号楼D区101、103、105室及A区1802、1803室	0571-81133188
66	大华银行(中国)有限公司杭州分行	杭州市西湖区天目山路181号天际大厦201、203室	0571-28090799
67	澳大利亚和新西兰银行(中国)有限公司杭州分行	杭州市西湖区教工路18号世贸丽晶城欧美中心1号楼(C区)302—303室	0571-26890888

续表

序号	机构名称	机构地址	联系方式
68	三菱日联银行(中国)有限公司杭州分行	杭州市下城区延安路385号杭州嘉里中心2幢10层1002、1003、1004单元	0571-87928080
69	澳门国际银行杭州分行	杭州市江干区高德置地中心1幢2906室、3幢101室	0571-26208888
70	中建投信托股份有限公司	杭州市西湖区教工路18号世贸丽晶城欧美中心1号楼(A座)18—19层C、D区	0571-89891502
71	杭州工商信托股份有限公司	杭州市江干区迪凯国际中心41层	0571-87218033
72	浙商金汇信托股份有限公司	杭州市下城区庆春路199号6—8层、1—2层西面商铺	4008665588
73	万向信托股份公司	杭州市上城区体育场路429号4—6层及9—17层	0571-85822379
74	万向财务有限公司	杭州市萧山区生兴路2号	0571-87163211
75	浙江省能源集团财务有限责任公司	杭州市拱墅区环城北路华浙广场1号楼9楼(全部)和11楼的A、B、B1、C、C1、G、H、I座	0571-86669990
76	浙江省交通投资集团财务有限责任公司	杭州市江干区五星路199号明珠国际商务中心2号楼8层	0571-87568088
77	中国电力财务有限公司浙江分公司	杭州市西湖区万塘路18号黄龙时代广场A座21楼	0571-51213810
78	物产中大集团财务有限公司	杭州市下城区中大广场A座7楼	0571-87895995
79	海亮集团财务有限责任公司	杭州市滨江区滨盛路1508号海亮大厦25楼2517—2526室	0571-56051000
80	杭州锦江集团财务有限责任公司	杭州市拱墅区湖墅南路111号杭州锦江大厦12楼	0571-28334604

续表

序号	机构名称	机构地址	联系方式
81	传化集团财务有限公司	杭州市萧山区宁围街道939号浙江商会大厦2幢5层	0571-82602688
82	华融金融租赁股份有限公司	杭州市西湖区曙光路122号世贸大厦6—7楼	0571-87007839
83	裕隆汽车金融(中国)有限公司	杭州市萧山经济技术开发区东方世纪中心1301—1305室	0571-57182228
84	杭银消费金融股份有限公司	杭州市下城区庆春路38号1层101室,8层801、802、803、804室,11层1101、1102室	0571-86850291
85	杭银理财有限责任公司	杭州市下城区庆春路38号金龙财富中心6层	0571-85107792

杭州市保险机构名录

（截至 2019 年 12 月 31 日）

序号	机构名称	机构地址	联系方式
1	中国人民财产保险股份有限公司浙江省分公司	杭州市上城区中河中路 66 号，中山中路 400 号，光复路 162 号	0571-87810888
2	中国太平洋财产保险股份有限公司浙江分公司	杭州市西湖区莫干山路 501 号 1—14 层	0571-87223801
3	中国平安财产保险股份有限公司浙江分公司	杭州市西湖区教工路 88 号立元大厦 7—9 楼	0571-88381818
4	天安财产保险股份有限公司浙江省分公司	杭州市上城区望江街道望江东路 332 号望江国际中心 C 座 5 层	0571-87041888
5	史带财产保险股份有限公司浙江分公司	杭州市下城区环城北路 208 号坤和中心 1004 室	0571-85155257
6	华泰财产保险有限公司浙江省分公司	杭州市江干区庆春东路 66-1 号庆春发展大厦 15 层	0571-87238300
7	中华联合财产保险股份有限公司浙江分公司	杭州市拱墅区中华保险大厦 1201 室、1301 室、1401 室、1501 室	0571-88103155
8	太平财产保险有限公司浙江分公司	杭州市下城区庆春路 136 号广利大厦 15 楼，7 层 706、707、708、709 室	0571-28811000
9	中国大地财产保险股份有限公司浙江分公司	杭州市上城区馆驿后 2 号万新大厦 7、8、11 楼	0571-87000226
10	中国出口信用保险公司浙江分公司	杭州市江干区四季青街道庆春东路 2-6 号金投金融大厦 19—20 层	0571-28036700
11	华安财产保险股份有限公司浙江分公司	杭州市西湖区天目山路 7 号东海创意中心 12 楼	0571-87168888

续表

序号	机构名称	机构地址	联系方式
12	永安财产保险股份有限公司浙江分公司	杭州市上城区凤凰城4号1901、1902、1903、1904、1905、1906室	0571-85789659
13	安邦财产保险股份有限公司浙江分公司	杭州市下城区建国北路639号华源大厦19楼	0571-56920501
14	都邦财产保险股份有限公司浙江分公司	杭州市下城区体育场路105号凯喜雅大厦14楼	0571-28006588
15	安盛天平汽车保险股份有限公司浙江分公司	杭州市西湖区莫干山路231号锐明大厦602室	0571-28809111
16	中银保险有限公司浙江分公司	杭州市上城区金隆花园南区华顺大厦6—7层	0571-87273033
17	阳光财产保险股份有限公司浙江省分公司	杭州市下城区环城北路167号汇金国际大厦裙楼5层501、502、503室	0571-87682057
18	亚太财产保险有限公司浙江分公司	杭州市江干区五星路185号泛海国际中心6幢2单元1001室	0571-87669119
19	渤海财产保险股份有限公司浙江分公司	杭州市滨江区江南大道618号东冠大厦7楼	0571-28002333
20	中国人寿财产保险股份有限公司浙江省分公司	杭州市下城区环城北路63号云天财富中心写字楼23、24、25层,8楼805室及新华路9号7楼	0571-87253661
21	安诚财产保险股份有限公司浙江分公司	杭州市上城区秋涛路258号1号楼11层1101	0571-81900156
22	永诚财产保险股份有限公司浙江分公司	杭州市下城区中山北路565号德信大厦501室	0571-28002903
23	安信农业保险股份有限公司浙江分公司	杭州市江干区新塘路72号、76—82号(双号)第5层	0571-28112811
24	浙商财产保险股份有限公司浙江分公司	杭州市滨江区泰安路239号盾安发展大厦15楼、10楼1003室	0571-28088181

续表

序号	机构名称	机构地址	联系方式
25	紫金财产保险股份有限公司浙江分公司	杭州市江干区城星路 59 号 1701 室	0571-28080888
26	长安责任保险股份有限公司浙江省分公司	杭州市下城区凯旋路 385 号紫玉名府 3 幢 13 楼	0571-28110801
27	利宝保险有限公司浙江分公司	杭州市上城区婺江路 217 号 1 号楼 701、703、705、707 室	0571-87368988
28	华农财产保险股份有限公司浙江分公司	浙江省杭州市西湖区世贸丽晶城欧美中心 1 号楼(D 区)405、406 室	0571-87602721
29	国泰财产保险有限责任公司浙江分公司	杭州市西湖区西溪路 560 号 5 幢 4 楼 401、402 室	0571-28072288
30	国任财产保险股份有限公司浙江分公司	杭州市江干区新塘路 72 号、76—82 号(双号)杭州新业大厦 15 层 1501 室	0571-28293273
31	爱和谊日生同和财产保险(中国)有限公司浙江分公司	杭州市下城区环城北路 208 号 32 层 01、08 室	0571-28058588
32	英大泰和财产保险股份有限公司浙江分公司	杭州市江干区凤起东路 189 号新城时代广场 1 幢 1701、1702、1703 室	0571-28297660
33	泰山财产保险股份有限公司浙江分公司	杭州市江干区凯旋路 445 号浙江物产国际广场 15 层 A、B、C、D、E 座	0571-28312031
34	美亚财产保险有限公司浙江分公司	杭州市江干区富春路 290 号钱江国际广场 3 号楼 602、603 单元	0571-26893900
35	众诚汽车保险股份有限公司浙江分公司	杭州市江干区钱江新城五星路 188 号荣安大厦 20 楼	0571-28172888
36	东京海上日动火灾保险(中国)有限公司浙江分公司	杭州市江干区钱江新城钱江国际时代广场 3 幢 1405 号	0571-81998758
37	中国人寿保险股份有限公司浙江省分公司	杭州市上城区中河中路 80 号浙江人寿大厦	0571-87216472

续表

序号	机构名称	机构地址	联系方式
38	中国太平洋人寿保险股份有限公司浙江分公司	杭州市上城区之江路 928 号临江金座 1 号 16 楼	0571-87220857
39	中国平安人寿保险股份有限公司浙江分公司	杭州市江干区四季青街道民心路 280 号平安金融中心 A 幢 26 层	0571-87556600
40	泰康人寿保险有限责任公司浙江分公司	杭州市江干区五星路 188 号荣安大厦 2201、2601 室	0571-85802019
41	新华人寿保险股份有限公司浙江分公司	杭州市江干区庆春广场西侧西子国际中心 1 号楼 33—36 层	0571-87235371
42	太平人寿保险有限公司浙江分公司	杭州市下城区广利大厦裙楼 5 楼	0571-28889696
43	民生人寿保险股份有限公司浙江分公司	杭州市下城区绍兴路 161 号野风现代中心北楼 12 楼	0571-85389505
44	光大永明人寿保险有限公司浙江分公司	杭州市下城区凤起路 78 号浙金广场附楼 3 楼 303 室	0571-28080576
45	中宏人寿保险有限公司浙江分公司	杭州市下城区庆春路 38 号金龙财富中心 10 层、12 层	0571-28023322
46	华泰人寿保险股份有限公司浙江分公司	杭州市萧山区宁围街道平澜路 259 号国金中心 1 单元 2301 室	0571-28936000
47	中德安联人寿保险有限公司浙江分公司	杭州市江干区庆春东路 66-1 号 2101-1、2101-2 室	0571-28029698
48	中国人民健康保险股份有限公司浙江分公司	杭州市上城区庆春路 25—29 号远洋大厦 21 层	0571-28918898
49	合众人寿保险股份有限公司浙江分公司	杭州市上城区中河中路 222 号平海国际大厦 15—17 楼	0571-28907766
50	中信保诚人寿保险有限公司浙江省分公司	杭州市下城区绍兴路 161 号野风现代中心北楼 1301、1302 室	0571-28065118
51	长生人寿保险有限公司浙江分公司	杭州市江干区庆春东路 1-1 号西子联合大厦 12 楼	0571-28035888

续表

序号	机构名称	机构地址	联系方式
52	中国人民人寿保险股份有限公司浙江省分公司	杭州市上城区解放路 18 号铭扬大厦 4 楼	0571-85871757
53	平安养老保险股份有限公司浙江分公司	杭州市西湖区文三路 90 号东部软件园科技大厦 17 楼	0571-87556792
54	同方全球人寿保险有限公司浙江分公司	杭州市江干区钱江路 1366 号万象城 2 幢 1901 室	0571-28894868
55	富德生命人寿保险股份有限公司浙江分公司	杭州市江干区四季青街道钱江路 1366 号万象城 2 幢华润大厦 A 座第 23 层 01、02、03、05、06、07、08、09 室和第 25 层 02、03、09 室	0571-28867766
56	信泰人寿保险股份有限公司浙江分公司	杭州市西湖区莫干山路 231 号锐明大厦 8 楼	0571-87116843
57	陆家嘴国泰人寿保险有限责任公司浙江分公司	杭州市江干区太平门直街 260—266 号三新银座 2 幢 10 楼 1001 室	0571-28039899
58	中美联泰大都会人寿保险有限公司浙江分公司	杭州市西湖区万塘路 18 号 2 楼 202、203 室，3A 楼 3A02、3A07 室，5 楼 507 室，8 楼 801 室，9 楼 901、902、903、906 室，15 楼 1501、1506 室	0571-87799688
59	英大泰和人寿保险股份有限公司浙江分公司	杭州市西湖区莫干山路 231 号锐明大厦 6 楼	0571-28350278
60	农银人寿保险股份有限公司浙江分公司	杭州市西湖区莫干山路 333 号美莱商务大厦 15F	0571-85175999
61	招商信诺人寿保险有限公司浙江分公司	杭州市下城区环城北路 208 号坤和中心 19 层 02、03、04 室	0571-86587123
62	国华人寿保险股份有限公司浙江分公司	杭州市江干区凤起东路 189 号新城时代广场 1 幢 24 楼	0571-28115885
63	阳光人寿保险股份有限公司浙江分公司	杭州市下城区庆春路 26 号发展大厦 1 层 102—103 室，3 层、4 层、12 层	0571-87563163

续表

序号	机构名称	机构地址	联系方式
64	太平养老保险股份有限公司浙江分公司	杭州市江干区新业路 200 号华峰国际商务大厦 25 楼 2502、2503、2504 室	0571-28058228
65	瑞泰人寿保险有限公司浙江分公司	杭州市下城区体育场路 105 号凯喜雅大厦 1504—1506 室	0571-28065516
66	幸福人寿保险股份有限公司浙江分公司	杭州市西湖区莫干山路 231 号锐明大厦 10 楼	0571-28086666
67	安邦人寿保险股份有限公司浙江分公司	杭州市下城区建国北路 639 号华源发展大厦 1801、1901 室	0571-56920799
68	工银安盛人寿保险有限公司浙江分公司	杭州市下城区绍兴路 161 号野风现代中心北楼 301、302、303、304、702 室	0571-28085180
69	和谐健康保险股份有限公司浙江分公司	杭州市西湖区曙光路 122 号世贸中心 A 座 16 楼	0571-58121722
70	中邮人寿保险股份有限公司浙江分公司	杭州市西湖区莫干山路 329 号	0571-87269909
71	君龙人寿保险有限公司浙江分公司	杭州市下城区建国北路 276 号东联大厦 10 楼	0571-28137553
72	昆仑健康保险股份有限公司浙江分公司	杭州市西湖区莫干山路 231 号锐明大厦 12 楼	0571-28289191
73	华夏人寿保险股份有限公司浙江分公司	杭州市上城区解放路 18 号 5 层 A 座,601—604 室,1204 室	0571-28901666
74	泰康养老保险股份有限公司浙江分公司	杭州市下城区绍兴路 161 号野风现代中心北楼 601、602、603	0571-87782650
75	平安健康保险股份有限公司浙江分公司	杭州市江干区民心路 280 号平安金融中心 A 座 9 楼	0571-87996115
76	中韩人寿保险有限公司营业总部	杭州市下城区庆春路 38 号金融财富中心 9 楼	0571-87361999

续表

序号	机构名称	机构地址	联系方式
77	百年人寿保险股份有限公司浙江分公司	杭州市江干区富春路 290 号钱江国际时代广场 3 号楼 20 层和 33 层(3301、3305、3306 室)	0571-87393533
78	建信人寿保险股份有限公司浙江分公司	杭州市拱墅区湖墅南路 277 号 6—7 层	0571-87907901
79	君康人寿保险股份有限公司浙江分公司	杭州市下城区中山北路 611 号地铁商务大厦 7 层	0571-28896777
80	中意人寿保险有限公司浙江省分公司	杭州市下城区上塘路 15 号武林时代商务中心 7 楼及 8 楼	0571-26201888
81	中银三星人寿保险有限公司浙江分公司	杭州市江干区新业路 8 号华联时代大厦 B 幢 5 层 501、504 室，11 层 1101、1104 室	0571-56051656
82	交银康联人寿保险有限公司浙江省分公司	杭州市上城区庆春路 173 号 8 层	0571-86590273

杭州市证券经营机构名录

（截至2019年12月31日）

序号	机构名称	机构地址	联系方式
1	财通证券股份有限公司	杭州市西湖区杭大路15号嘉华国际商务中心	95336,40086-96336
2	浙商证券股份有限公司	杭州市江干区五星路201号	0571-87901955
3	金通证券有限责任公司	杭州市滨江区东信大道66号5幢D座A区3层	0571-85783714
4	财通证券资产管理有限公司	杭州市上城区白云路26号143室(注册地) 杭州市上城区四宜路四宜大院B幢(经营地)	95336,40086-96336
5	浙江浙商证券资产管理有限公司	杭州市江干区五星路201号浙商证券大楼(原明珠国际商务中心1号楼)7楼	0571-87901951
6	安信证券股份有限公司浙江分公司	杭州市西湖区莫干山路639号三层301-1室	0571-88063138
7	财富证券有限责任公司浙江分公司	杭州市下城区庆春路42号兴业银行大厦15A层05室	0571-87679605
8	财通证券股份有限公司杭州第二分公司	杭州市上城区太和广场8号1701、1702、1703、1704、1705室	0571-86963030
9	财通证券股份有限公司杭州第三分公司	杭州市西湖区文二路391号西湖国际科技大厦2308-1室、2308-2室	0571-28311660
10	财通证券股份有限公司杭州第四分公司	杭州市拱墅区绿地运河商务中心5幢1302—1305室	0571-28806023
11	财通证券股份有限公司杭州第一分公司	杭州市下城区环城北路169号汇金国际大厦西1幢9层901、902室	0571-86961007

续表

序号	机构名称	机构地址	联系方式
12	东北证券股份有限公司浙江分公司	杭州市江干区高德置地中心1号楼3803、3804室	0571-85386611
13	东莞证券股份有限公司浙江分公司	杭州市滨江区丹枫路788号1幢101室	0571-81391030
14	东吴证券股份有限公司浙江分公司	杭州市江干区瑞晶国际商务中心1703室	0571-86791983
15	东兴证券股份有限公司杭州分公司	杭州市江干区四季青街道新业路228号来福士中心2幢13层1301、1302、1309室	0571-86065020
16	东亚前海证券有限责任公司浙江分公司	杭州市西湖区西湖街道虎跑路2-18号1号楼102室	0571-87760850
17	方正证券股份有限公司浙江分公司	杭州市下城区延安路398号二轻大厦A座11楼	0571-87782598
18	广发证券股份有限公司浙江分公司	杭州市上城区钱江路41号201甲室	0571-86560793
19	国海证券股份有限公司浙江分公司	杭州市下城区河东路91号	0571-86783695
20	国开证券股份有限公司浙江分公司	杭州市上城区元帅庙后88-1号163室	0571-81686518
21	国融证券股份有限公司浙江分公司	杭州市西湖区北山街道白沙泉112号101室	0571-88078118
22	国盛证券有限责任公司浙江分公司	杭州市江干区江锦路159号平安金融中心2幢第12层1201、1202室	0571-56009972
23	国泰君安证券股份有限公司浙江分公司	杭州市江干区五星路185号民生金融中心A座17楼	0571-87044157
24	国信证券股份有限公司杭州分公司	杭州市江干区万象城3幢901、902、908室	0571-85214884

续表

序号	机构名称	机构地址	联系方式
25	国信证券股份有限公司浙江第二分公司	浙江省义乌市国际商贸城金融商务区国信证券大厦(01-21 地块房屋)1 楼、19 楼	0579-85562342
26	国信证券股份有限公司浙江分公司	杭州市萧山区宁围街道诺德财富中心 1 幢 102 室,2901—2904 室	0571-85214884
27	国元证券股份有限公司浙江分公司	杭州市滨江区江汉路 1785 号网新双城大厦 4 幢 2201-1 室	0571-87682918
28	海通证券股份有限公司浙江分公司	杭州市江干区迪凯银座 801、803、804 室	0571-87211015
29	华福证券有限责任公司浙江分公司	杭州市下城区庆春路 42 号 903、904、1101 室	0571-87819023
30	华金证券股份有限公司浙江分公司	杭州市上城区赞成中心西楼 1209、1210 室	0571-28216796
31	华林证券股份有限公司浙江分公司	杭州市下城区朝晖路 182 号 1 号楼 2612、2613 室	0571-87165357
32	华龙证券股份有限公司浙江分公司	杭州市西湖区玉古路 168 号武术馆大楼 716—721 室	0571-28916090
33	华融证券股份有限公司浙江分公司	杭州市西湖区求是路 8 号公元大厦南楼 22 层 2201、2202、2205 室	0571-87007610
34	华泰证券股份有限公司浙江分公司	杭州市滨江区江虹路 1750 号信雅达大厦 1 幢 23 层	0571-86698701
35	华西证券股份有限公司浙江分公司	杭州江干区财富金融中心 2 幢 1204 室	0571-88213669
36	江海证券有限公司浙江分公司	杭州市江干区财富金融中心 2 幢 1507 室	0571-28901889
37	金元证券股份有限公司浙江分公司	杭州市江干区迪凯银座 1403 室	0571-85056063

续表

序号	机构名称	机构地址	联系方式
38	九州证券股份有限公司浙江分公司	杭州市拱墅区余杭塘路矩阵国际 2 号楼 301、303 室	0571-86708110
39	联讯证券股份有限公司杭州分公司	杭州市江干区钱江国际时代广场 3 幢 2903 室	0571-28233865
40	南京证券股份有限公司浙江分公司	杭州市江干区旺座中心 1 幢 1202 室	0571-86906386
41	平安证券股份有限公司杭州分公司	杭州市西湖区杭大路 1 号黄龙世纪广场写字楼 C 区十三层 1302、1304 室	0571-88185555
42	平安证券股份有限公司浙江分公司	杭州市拱墅区红石中央大厦 1603、1604 室	0571-88307395
43	申港证券股份有限公司浙江分公司	杭州市江干区瑞立江河汇大厦 2233 室	0571-28323582
44	申万宏源证券有限公司杭州分公司	杭州市拱墅区华浙广场 1 号 18 楼	0571-85063953
45	首创证券有限责任公司浙江分公司	杭州市西湖区文二路 391 号西湖国际科技大厦 2310-1 室	0571-85883757
46	天风证券股份有限公司浙江分公司	杭州市西湖区教工路 88 号立元大厦 12 楼 1202 室	0571-87632159
47	万和证券股份有限公司浙江分公司	杭州市江干区五星路 188 号荣安大厦 802-1 室	0571-81999060
48	西南证券股份有限公司浙江分公司	杭州市江干区紫晶商务城 1 幢 304-1 室	0571-86784006
49	湘财证券股份有限公司浙江分公司	杭州市西湖区西溪路 128 号新湖商务大厦 701 室	0571-87650370
50	信达证券股份有限公司浙江分公司	杭州市滨江区丹枫路 676 号香溢大厦 702 室	0571-28999488

续表

序号	机构名称	机构地址	联系方式
51	兴业证券股份有限公司浙江分公司	杭州市江干区迪凯银座31楼	0571-87835777
52	银泰证券有限责任公司浙江分公司	杭州市萧山区宁围街道广孚联合国际中心2702-2室	0571-85780597
53	长城证券股份有限公司杭州分公司	杭州市下城区延安路385号杭州嘉里中心2幢905室	0571-89775175
54	长江证券股份有限公司浙江分公司	杭州市上城区甘水巷42号	0571-86658298
55	浙江浙商证券资产管理有限公司杭州分公司	杭州市江干区明珠国际商务中心1幢701室	0571-87903299
56	浙商证券股份有限公司杭州分公司	杭州市西湖区杭大路1号黄龙世纪广场A区6楼617－625室	0571-87901991
57	中国国际金融股份有限公司浙江分公司	杭州市江干区来福士中心2幢1901	0571-86010188
58	中国银河证券股份有限公司浙江分公司	杭州市江干区泛海国际中心3幢28层	0571-87253011
59	中天国富证券有限公司浙江分公司	杭州市西湖区翠苑街道天目山路274号，万塘路2－18（双）号A座20楼02室	0571-86611136
60	中信建投证券股份有限公司浙江分公司	杭州市上城区庆春路225号6楼604室	0571-87067252
61	中信证券股份有限公司浙江分公司	杭州市江干区迪凯银座1902、2201、2202、2203、2204、2301、2303、2304室	0571-85783714
62	中邮证券有限责任公司浙江分公司	杭州市西湖区莫干山路329号	0571-87269888

杭州市期货机构名录

（截至 2019 年 12 月 31 日）

序号	机构名称	机构地址	联系方式
1	宝城期货有限责任公司	杭州市西湖区求是路 8 号公元大厦南裙 1-101、201、301、501 室，北楼 302 室	0571-85055580
2	大地期货有限公司	杭州市下城区延安路 511 号元通大厦 12 层	0571-85135245
3	国海良时期货有限公司	杭州市下城区河东路 91 号	0571-85336110
4	南华期货股份有限公司	杭州市上城区西湖大道 193 号定安名都 2—3 层	0571-87839234
5	盛达期货有限公司	杭州市萧山区宁围街道平澜路 259 号国金中心 2 单元 2201 室	0571-83815919
6	信达期货有限公司	杭州市萧山区宁围街道利一路 188 号天人大厦 19—20 层	0571-28132660
7	永安期货股份有限公司	杭州市江干区新业路 200 号华峰国际商务大厦 10 层，1101、1102、1104 室，16—17 层，2604、2702 室	0571-88378498
8	浙江新世纪期货有限公司	杭州市下城区体育场路 335 号 6—8 层	0571-85155690
9	中大期货有限公司	杭州市拱墅区远洋国际中心 2 号楼 901—910 室	0571-85377331
10	浙商期货有限公司	杭州市下城区环城北路 305 号耀江发展中心大厦 1、11、12、20 层	0571-87219365
11	东方汇金期货有限公司浙江分公司	杭州市余杭区仓前街道欧美金融城 5 幢 1310—1312 室	0571-86298675

续表

序号	机构名称	机构地址	联系方式
12	格林大华期货有限公司浙江分公司	杭州市江干区财富金融中心2幢3401室	0571-28055961
13	广州金控期货有限公司杭州分公司	杭州市下城区绍兴路161号野风现代中心北楼903室	0571-87791385
14	国海良时期货有限公司杭州分公司	杭州市拱墅区湖墅街道运河商务中心11幢1201、1204-2室	0571-85135800
15	华泰期货有限公司杭州分公司	杭州市江干区来福士中心2幢1801、1802室	0571-85816963
16	前海期货有限公司浙江分公司	杭州市江干区钱江路1366号万象城2幢华润大厦2601—2603室	0571-28312612
17	申银万国期货有限公司浙江分公司	杭州市江干区解放东路29号迪凯银座1904室	0571-86063319
18	天风期货股份有限公司浙江分公司	杭州市萧山区北干街道金城路358号蓝爵国际中心5幢3703室1号	0571-22670095
19	先锋期货有限公司杭州分公司	杭州市滨江区西兴街道科技馆街626号寰宇商务中心1座701室	0571-86726995
20	兴业期货有限公司杭州分公司	杭州市下城区庆春路42号兴业银行大厦1002室	0571-85828718
21	兴证期货有限公司浙江分公司	杭州市江干区解放东路29号迪凯银座31楼3102室	0571-28058985
22	银河期货有限公司浙江分公司	杭州市上城区解放路26号1004室	0571-28002999
23	永安期货股份有限公司杭州分公司	杭州市江干区华峰国际商务大厦503室	0571-86676355
24	浙江新世纪期货有限公司杭州分公司	杭州市下城区万寿亭街13号701—710室	0571-86831579

续表

序号	机构名称	机构地址	联系方式
25	中财期货有限公司浙江分公司	杭州市西湖区体育场路458号中财金融广角	0571-56080568
26	中国国际期货股份有限公司杭州分公司	杭州市江干区百大绿城西子国际C座1303	0571-89716763
27	中信建投期货有限公司杭州分公司	杭州市江干区钱江国际时代广场3幢702室	0571-87381025
28	中信期货有限公司杭州萧山分公司	杭州市萧山区城厢街道新世纪广场C座9楼909—917室	0571-85060800
29	中信期货有限公司浙江分公司	杭州市江干区解放东路29号迪凯银座2302	0571-85783706

杭州市上市公司名录

（截至 2019 年 12 月 31 日）

境内上市公司名录

序号	公司名称	上市地点	上市时间	代码	行业类别
1	航天通信	上海	1993 年 9 月 28 日	600677	IT
2	物产中大	上海	1996 年 6 月 6 日	600704	商贸服务
3	东方通信	上海	1996 年 11 月 14 日	600776	IT
4	浙江东方	上海	1997 年 11 月 12 日	600120	商贸服务
5	杭钢股份	上海	1998 年 2 月 12 日	600126	机械制造
6	钱江水利	上海	2000 年 9 月 15 日	600283	公共设施
7	英特集团	深圳	1996 年 6 月 26 日	000411	医药化工
8	浙大网新	上海	1997 年 3 月 25 日	600797	IT
9	浙能电力	上海	2013 年 12 月 19 日	600023	电力
10	众合科技	深圳	1999 年 5 月 7 日	000925	IT
11	浙数文化	上海	2011 年 12 月 6 日迁入	600633	出版业
12	天目药业	上海	1993 年 8 月 23 日	600671	医药化工
13	杭州解百	上海	1994 年 1 月 14 日	600814	商贸服务
14	百大集团	上海	1994 年 8 月 9 日	600865	商贸服务
15	新安股份	上海	2001 年 9 月 6 日	600596	医药化工
16	信雅达	上海	2002 年 11 月 1 日	600571	IT
17	士兰微	上海	2003 年 3 月 11 日	600460	IT
18	杭萧钢构	上海	2003 年 11 月 10 日	600477	机械制造
19	恒生电子	上海	2003 年 12 月 16 日	600570	IT
20	航民股份	上海	2004 年 8 月 9 日	600987	纺织业
21	通策医疗	上海	1996 年 10 月 30 日上市，2006 年迁入	600763	医疗服务
22	数源科技	深圳	1999 年 5 月 7 日	000909	IT
23	华东医药	深圳	2000 年 1 月 27 日	000963	医药化工

续表

序号	公司名称	上市地点	上市时间	代码	行业类别
24	传化智联	深圳	2004 年 6 月 29 日	002010	医药化工
25	亿帆医药	深圳	2004 年 7 月 13 日	002019	医药化工
26	生意宝	深圳	2006 年 12 月 15 日	002095	IT
27	万向钱潮	深圳	1994 年 1 月 10 日	000559	机械制造
28	杭汽轮 B	深圳	1998 年 4 月 28 日	200771	机械制造
29	祥源文化	上海	2003 年 2 月 20 日上市，2007 年迁入	600576	纺织业
30	三维通信	深圳	2007 年 2 月 15 日	002115	IT
31	天马股份	深圳	2007 年 3 月 28 日	002122	机械制造
32	广宇集团	深圳	2007 年 4 月 27 日	002133	房地产
33	东南网架	深圳	2007 年 5 月 30 日	002135	金属制品业
34	大立科技	深圳	2008 年 2 月 18 日	002214	专用仪器仪表制造业
35	大华股份	深圳	2008 年 5 月 20 日	002236	电子设备制造业
36	滨江集团	深圳	2008 年 5 月 29 日	002244	房地产
37	聚力文化	深圳	2008 年 6 月 12 日	002247	制造业
38	浙富控股	深圳	2008 年 8 月 5 日	002266	机械制造
39	莱茵体育	深圳	2002 年 4 月 2 日上市，2009 年迁入	000558	体育运营、房地产销售
40	万马股份	深圳	2009 年 7 月 10 日	002276	机械制造
41	联络互动	深圳	2009 年 8 月 21 日	002280	IT
42	亚太股份	深圳	2009 年 8 月 28 日	002284	汽车零部件
43	银江股份	深圳	2009 年 10 月 30 日	300020	IT
44	华星创业	深圳	2009 年 10 月 30 日	300025	通信服务业
45	同花顺	深圳	2009 年 12 月 25 日	300033	IT
46	中恒电气	深圳	2010 年 3 月 5 日	002364	输配电及控制设备制造业
47	南都电源	深圳	2010 年 4 月 21 日	300068	电器机械及器材制造业

续表

序号	公司名称	上市地点	上市时间	代码	行业类别
48	思创医惠	深圳	2010 年 4 月 30 日	300078	计算机及相关设备制造业
49	海康威视	深圳	2010 年 5 月 28 日	002415	电子设备制造业
50	康盛股份	深圳	2010 年 6 月 1 日	002418	金属制品业
51	杭氧股份	深圳	2010 年 6 月 10 日	002430	工业专用设备制造业
52	巨星科技	深圳	2010 年 7 月 13 日	002444	工具制造业
53	顺网科技	深圳	2010 年 8 月 27 日	300113	IT
54	富春环保	深圳	2010 年 9 月 21 日	002479	电力生产业
55	杭齿前进	上海	2010 年 10 月 11 日	601177	通用设备制造业
56	金固股份	深圳	2010 年 10 月 21 日	002488	交通运输设备制造业
57	华策影视	深圳	2010 年 10 月 26 日	300133	广播电影电视业
58	荣盛石化	深圳	2010 年 11 月 2 日	002493	化学纤维制造业
59	老板电器	深圳	2010 年 11 月 23 日	002508	金属制品业
60	宋城演艺	深圳	2010 年 12 月 9 日	300144	旅游业
61	中金环境	深圳	2010 年 12 月 9 日	300145	专用设备制造业
62	杭锅股份	深圳	2011 年 1 月 10 日	002534	锅炉及原动机制造业
63	宝鼎科技	深圳	2011 年 2 月 25 日	002552	铸件制造业
64	贝因美	深圳	2011 年 4 月 12 日	002570	乳制品制造业
65	聚光科技	深圳	2011 年 4 月 15 日	300203	专用仪器仪表制造业
66	迪安诊断	深圳	2011 年 7 月 19 日	300244	卫生、保健、护理服务业
67	初灵信息	深圳	2011 年 8 月 3 日	300250	通信及相关设备制造业

续表

序号	公司名称	上市地点	上市时间	代码	行业类别
68	兴源环境	深圳	2011年9月27日	300266	普通机械制造业
69	中威电子	深圳	2011年10月12日	300270	通信设备制造业
70	光启技术	深圳	2011年11月3日	002625	专用设备制造业
71	赞宇科技	深圳	2011年11月25日	002637	化学原料及化学制品制造业
72	华媒控股	深圳	1996年8月30日上市，2012年迁入	000607	公用机械制造业
73	汉鼎股份	深圳	2012年3月19日	300300	计算机应用服务业
74	远方光电	深圳	2012年3月29日	300306	仪器仪表及文化、办公用机械制造业
75	宋都股份	上海	1997年5月20日上市，2012年5月迁入	600077	房地产开发与经营业
76	泰格医药	深圳	2012年8月17日	300347	专业、科研服务业
77	华数传媒	深圳	2012年8月迁入	000156	信息传播服务业
78	炬华科技	深圳	2014年1月21日	300360	通用仪器仪表制造业
79	思美传媒	深圳	2014年1月23日	002712	商业服务业
80	福斯特	上海	2014年9月5日	603806	橡胶和塑料制品业
81	健盛集团	上海	2015年1月27日	603558	纺织服务、服饰业
82	杭电股份	上海	2015年2月17日	603618	电线电缆产品的研发、生产、销售和服务
83	中泰股份	深圳	2015年3月26日	300435	深冷技术的工艺开发、设备设计、制造和销售

续表

序号	公司名称	上市地点	上市时间	代码	行业类别
84	创业慧康	深圳	2015 年 5 月 14 日	300451	应用软件
85	永创智能	上海	2015 年 5 月 29 日	603901	其他
86	华铁应急	上海	2015 年 5 月 29 日	603300	房屋和土木工程
87	杭州高新	深圳	2015 年 6 月 10 日	300478	机械设备，电气设备
88	先锋电子	深圳	2015 年 6 月 12 日	002767	电子测量仪器
89	中亚股份	深圳	2016 年 5 月 26 日	300512	机械设备，专用设备
90	微光股份	深圳	2016 年 6 月 22 日	002801	机械设备，电气设备
91	顾家家居	上海	2016 年 10 月 14 日	603816	家用轻工
92	集智股份	深圳	2016 年 10 月 21 日	300553	机器设备仪器仪表
93	和仁科技	深圳	2016 年 10 月 18 日	300550	信息服务一计算机应用
94	电魂网络	上海	2016 年 10 月 26 日	603258	信息服务一传媒
95	杭州银行	上海	2016 年 10 月 27 日	600926	金融服务一银行
96	贝达药业	深圳	2016 年 11 月 7 日	300558	医药制造业
97	海兴电力	上海	2016 年 11 月 10 日	603556	机械设备 仪器仪表
98	嘉凯城	深圳	1999 年 7 月上市，2016 年 3 月迁入	000918	房地产开发
99	平治信息	深圳	2016 年 12 月 13 日	300571	信息服务一传媒
100	百合花	上海	2016 年 12 月 20 日	603823	化工一化学制品
101	英飞特	深圳	2016 年 12 月 28 日	300582	电子
102	杭叉集团	上海	2016 年 12 月 27 日	603298	机械设备
103	华正新材	上海	2017 年 1 月 3 日	603186	制造业一计算机通信

续表

序号	公司名称	上市地点	上市时间	代码	行业类别
104	新坐标	上海	2017 年 2 月 9 日	603040	机械设备
105	诺邦股份	上海	2017 年 2 月 22 日	603238	纺织服装一纺织制造
106	威星智能	深圳	2017 年 2 月 17 日	002849	机械设备一电气设备
107	元成股份	上海	2017 年 3 月 24 日	603388	建筑装饰园林工程
108	星帅尔	深圳	2017 年 4 月 12 日	002860	家用零部件
109	长川科技	深圳	2017 年 4 月 17 日	300604	其他专用机械
110	正元智慧	深圳	2017 年 4 月 21 日	300645	IT 服务
111	金石资源	上海	2017 年 5 月 3 日	603505	采矿
112	万通智控	深圳	2017 年 5 月 5 日	300643	制造业一汽车零部件
113	杭州园林	深圳	2017 年 5 月 5 日	300649	园林
114	铁流股份	上海	2017 年 5 月 10 日	603926	制造业一汽车零部件
115	雷迪克	深圳	2017 年 5 月 16 日	300652	制造业一汽车零部件
116	吉华集团	上海	2017 年 6 月 15 日	603980	化工一化学制品
117	诚邦股份	上海	2017 年 6 月 19 日	603316	建筑装饰园林工程
118	浙商证券	上海	2017 年 6 月 26 日	601878	资本市场服务
119	沪宁股份	深圳	2017 年 6 月 29 日	300669	通用设备制造业
120	纵横通信	上海	2017 年 8 月 10 日	603602	通信配套服务
121	春风动力	上海	2017 年 8 月 18 日	603129	其他交运设备
122	万马科技	深圳	2017 年 8 月 31 日	300698	计算机通信和其他电子设备制造

续表

序号	公司名称	上市地点	上市时间	代码	行业类别
123	兆丰股份	深圳	2017 年 9 月 8 日	300695	汽车制造业
124	银都股份	上海	2017 年 9 月 11 日	603277	通用设备制造业
125	万隆光电	深圳	2017 年 10 月 19 日	300710	通信传输设备
126	财通证券	上海	2017 年 10 月 24 日	601108	资本市场服务
127	泰瑞机器	上海	2017 年 10 月 31 日	603289	专用设备制造业
128	珀莱雅	上海	2017 年 11 月 15 日	603605	制造业一化学原料和化学制品制造业
129	南都物业	上海	2018 年 2 月 1 日	603506	房地产业
130	天地数码	深圳	2018 年 4 月 27 日	300743	信息设备计算机设备
131	汉嘉设计	深圳	2018 年 5 月 25 日	300746	建筑材料建筑装饰
132	浙商中拓	深圳	1999 年 7 月 7 日上市，2018 年 8 月迁入	000906	批发和零售业一批发业
133	每日互动	深圳	2019 年 3 月 25 日	300766	信息服务通信服务
134	迪普科技	深圳	2019 年 4 月 12 日	300768	信息服务一计算机应用
135	运达股份	深圳	2019 年 4 月 26 日	300772	大型风力发电研发生产销售
136	新化股份	上海	2019 年 6 月 27 日	603867	化工一化学制品
137	杭可科技	上海	2019 年 7 月 22 日	688006	专用设备制造业
138	虹软科技	上海	2019 年 7 月 22 日	688088	软件和信息技术服务业
139	大胜达	上海	2019 年 7 月 26 日	603687	轻工制造一包装印刷
140	南华期货	上海	2019 年 8 月 30 日	603093	金融服务

续表

序号	公司名称	上市地点	上市时间	代码	行业类别
141	壹网壹创	深圳	2019 年 9 月 27 日	300792	信息服务一传媒
142	米奥会展	深圳	2019 年 10 月 22 日	300795	会展
143	安恒信息	上海	2019 年 11 月 5 日	688023	计算机应用服务业
144	鸿泉物联	上海	2019 年 11 月 6 日	688288	计算机及相关设备制造业
145	浙商银行	上海	2019 年 11 月 26 日	601916	银行
146	当虹科技	上海	2019 年 12 月 12 日	688039	智能视频技术

境外上市公司名录

序号	公司名称	上市地点	上市时间	代码	行业
1	沪杭甬	中国香港	1997 年 5 月	00576	基础设施
2	祐康国际	新加坡	2004 年 11 月 22 日	Y06	食品
3	八方电信	新加坡	2004 年 7 月 23 日	E25	IT
4	绿城中国	中国香港	2006 年 7 月 13 日	03900	房地产
5	浙大兰德	中国香港	2002 年 5 月 3 日	08106	IT
6	友佳国际	中国香港	2006 年 1 月 20 日	02398	机械制造
7	友成控股	中国香港	2005 年 10 月 1 日	00096	塑料模具
8	华鼎控股	中国香港	2005 年 12 月 15 日	03398	纺织业
9	新利软件	中国香港	2001 年 9 月 5 日	08076	IT
10	众安房产	中国香港	2007 年 11 月 13 日	00672	房地产
11	美丝邦	澳大利亚	2007 年	MES	化学纤维制造
12	松冈机电	澳大利亚	2008 年 12 月 31 日	TYO	娱乐
13	琥珀能源	中国香港	2009 年 7 月 10 日	00090	电厂建设、经营及管理
14	博可生物	法国	2009 年	MLBOK	营养保健品
15	笑笑幼教	澳大利亚	2009 年 12 月	XXL	幼儿教育

续表

序号	公司名称	上市地点	上市时间	代码	行业
16	九洲大药房	美国（纳斯达克）	2010 年 4 月	CJJD	医药零售连锁
17	斯凯网络	美国（纳斯达克）	2010 年 12 月 10 日	MOBI	移动互联网应用
18	开元旅业	中国香港	2013 年 7 月 10 日	1275	酒店投资与管理
19	新锐医药	中国香港	2013 年 10 月 25 日	08180	医药分销
20	永盛新材料	中国香港	2013 年 11 月 27 日	03608	纺织相关产品贸易、差别化涤纶面料染色及加工以及涤纶长丝生产
21	矽力杰	中国台湾	2013 年 12 月 12 日	6415	半导体业
22	中国新城市	中国香港	2014 年 7 月 10 日	1321	房地产开发
23	天鸽互动	中国香港	2014 年 7 月 9 日	1980	互联网软件与服务
24	达内科技	美国（纳斯达克）	2014 年 4 月 3 日	TEDU	IT 培训
25	阿里巴巴	美国（纽交所）	2014 年 9 月 19 日	BABA	IT
26	中粮包装	中国香港	2009 年 11 月 16 日	00906	包装产品
27	新明中国	中国香港	2015 年 7 月 6 日	02699	房地产建筑
28	浙商银行	中国香港	2016 年 3 月 30 日	02016	金融服务—银行
29	绿城服务	中国香港	2016 年 7 月 12 日	02869	物业服务、顾问咨询服务、园区增值服务
30	江南布衣	中国香港	2016 年 10 月 31 日	03306	设计、推广、销售服装鞋类配饰
31	百世集团	美国（纽交所）	2017 年 9 月 20 日	BSTI	航空货运与物流
32	龙运国际	美国（纳斯达克）	2017 年 10 月 21 日	LYL	众筹机会和孵化公司

续表

序号	公司名称	上市地点	上市时间	代码	行业
33	阜博集团	中国香港	2018 年 1 月 4 日	3738	视频分析管理平台
34	盛龙锦绣国际	中国香港	2017 年 7 月 17 日（2018 年认定）	08481	制造和销售装饰印刷材料产品
35	51 信用卡	中国香港	2018 年 7 月 13 日	2051	个人金融服务
36	歌礼制药	中国香港	2018 年 8 月 1 日	01672	生物科技
37	微贷网	美国(纽交所)	2018 年 11 月 15 日	wei	车贷
38	蘑菇街	美国(纽交所)	2018 年 12 月 6 日	mogu	电商
39	德信中国	中国香港	2019 年 2 月 26 日	2019	房地产
40	开元酒店	中国香港	2019 年 3 月 11 日	1158	酒店经营及管理
41	滨江服务	中国香港	2019 年 3 月 15 日	03316	物业服务
42	如涵控股	美国（纳斯达克）	2019 年 4 月 3 日	RUHN	网红孵化器供应链
43	云集	美国（纳斯达克）	2019 年 5 月 3 日	YJ	电商
44	兑吧	中国香港	2019 年 5 月 7 日	1753	媒体及娱乐
45	途屹控股	中国香港	2019 年 6 月 28 日	01701	出境旅游产品及服务供应商
46	网易有道	美国（纽交所）	2019 年 10 月 25 日	dao	智能学习产品和服务
47	启明医疗	中国香港	2019 年 12 月 10 日	02500	医疗保健设备

杭州市小贷公司名录

（截至 2019 年 12 月 31 日）

序号	公司名称	公司地址	联系方式
1	杭州市上城区广宇小额贷款有限公司	杭州市上城区平海路 8 号	0571-87062806
2	杭州市上城区文广小额贷款股份有限公司	杭州市上城区东坡路 66 号东坡文物大楼 602 室	0571-85282529
3	杭州市下城区广信小额贷款股份有限公司	杭州市下城区绍兴路 337 号野风现代之星 2107 室	0571-85092239
4	浙江文创小额贷款股份有限公司	杭州市下城区体育场路 178 号 25 幢 1308 室	0571-85310801
5	浙江农发小额贷款股份有限公司	杭州市下城区武林路 437 号农发大厦 6 层	0571-85813021
6	杭州市江干区银货通小额贷款有限公司	杭州市江干区剧院路 358 号宏程国际大厦 35 层	0571-56076886
7	杭州市江干区万事利科创小额贷款股份有限公司	杭州市江干区天城路 68 号(万事利科技大厦)2 幢 17 楼	0571-86883511
8	浙江林业小额贷款有限公司	杭州市江干区丹桂街 19 号迪凯国际 3501 室	0571-86486000
9	浙江兴合小额贷款有限公司	杭州市江干区市民街 66 号钱塘航空大厦 2 幢 35 层	0571-85263508
10	杭州市拱墅区泰丰小额贷款有限公司	杭州市拱墅区金华路 88-8 号	0571-28022828
11	杭州市拱墅区建华小额贷款股份有限公司	杭州市拱墅区沈半路 2 号	0571- 28859060
12	杭州市拱墅区利尔达小额贷款有限公司	杭州市拱墅区丰潭路 380 号城西银泰 B 座 1003 室	0571-89908686

续表

序号	公司名称	公司地址	联系方式
13	杭州市西湖区昆仑小额贷款有限公司	杭州市西湖区体育场路 580 号 2 号楼 104 室	0571-85116890
14	杭州市西湖区御丰小额贷款有限公司	杭州市西湖区转塘镇美院南路 99 号龙心田城大厦 5 楼	0571-86775668
15	杭州市西湖区浙农小额贷款有限公司	杭州市西湖区文一西路 1 号益展大厦 A 座 7 楼	0571-85119833
16	杭州市高新区(滨江)东冠小额贷款股份有限公司	杭州市滨江区江南大道 3850 号创新大厦 5 楼	0571-87796048
17	杭州高新区(滨江)中南小额贷款股份有限公司	杭州市滨江区江南大道 3850 号创新大厦 608 室	0571-87111152
18	杭州市高新区(滨江)萧宏小额贷款有限公司	杭州市滨江区滨盛路 1777 号萧宏大厦 8 楼 B 座	0571-86538519
19	杭州市高新区(滨江)兴耀普汇小额贷款有限公司	杭州市滨江区西兴街道江陵路 1916 号兴祺大厦 1 幢 2004、2005 室	0571-81396187
20	杭州萧山萧然小额贷款有限公司	杭州市萧山区北干街道金城路 550 号	0571-83801930
21	杭州市萧山区金丰小额贷款股份有限公司	杭州市萧山区金城路 438 号东南科技研发中心 1701	0571-82711922
22	杭州市萧山区金诚小额贷款有限公司	杭州市萧山区北干街道金城路 185 号商会大厦 B 座一楼	0571-83897711
23	杭州市萧山区悍马小额贷款股份有限公司	杭州市萧山区湘湖金融小镇二期中区块南岸 2 号楼 2 层 208 室	0571-82279188
24	杭州市萧山区萧丰小额贷款股份有限公司	杭州市萧山区建设四路 4083 号	0571-83517157
25	杭州市萧山区环亚航小额贷款股份有限公司	杭州市萧山区金城路 628 号心意广场 1 幢 1901 室	0571-82710000

续表

序号	公司名称	公司地址	联系方式
26	杭州市萧山区新萧商小额贷款股份有限公司	杭州市萧山经济技术开发区加贸路11号	0571-83518199
27	杭州市萧山区永诚小额贷款有限公司	杭州市萧山区萧绍东路202号	0571-83682623
28	浙江理想小额贷款有限公司	杭州市余杭区文一西路998号6-1-1室	0571-89028888
29	杭州市余杭区钱塘小额贷款股份有限公司	杭州市余杭区南苑街道迎宾路355号金鑫大厦25楼	0571-86160996
30	杭州市余杭区华盈小额贷款股份有限公司	杭州市余杭区五常街道联胜路10号	0571-89300278
31	杭州市余杭区日通小额贷款股份有限公司	杭州市余杭区南苑街道南苑街103号麦道大厦903室	0571-89163791
32	杭州市余杭区宝鼎小额贷款股份有限公司	杭州市余杭区塘栖镇塘栖路238号	0571-89028269
33	杭州市桐庐县富汇小额贷款股份有限公司	杭州市桐庐县滨江路388号富汇名座四楼	0571-69917806
34	杭州市桐庐县浙富小额贷款股份有限公司	杭州市桐庐县滨江路1151号	0571-69960156
35	杭州市桐庐县龙生小额贷款股份有限公司	杭州市桐庐县城南街道迎春四弄56号	0571-64330026
36	杭州千岛湖康盛小额贷款股份有限公司	杭州市淳安县千岛湖镇环湖北路88号公路大厦3楼	0571-64888851
37	杭州市淳安县沪千诚鑫小额贷款股份有限公司	杭州市淳安县千岛湖镇环湖北路87号4楼	0571-64887699
38	建德市新安小额贷款股份有限公司	杭州市建德市新安江街道严州大道秀水华庭18号	0571-64751881

续表

序号	公司名称	公司地址	联系方式
39	建德市建业小额贷款股份有限公司	杭州市建德市新安江街道严州大道秀水华庭17幢35室	0571-64788886
40	建德市白沙小额贷款有限公司	杭州市建德市新安江街道严州大道水韵天城108幢	0571-64793336
41	杭州富阳浙丰小额贷款有限公司	杭州市富阳区富春街道体育馆路358号	0571-61776508
42	杭州富阳永通小额贷款有限公司	杭州市富阳区江滨西大道2号	0571-61710330
43	杭州荣泰小额贷款有限公司	杭州市富阳区富春街道江滨西大道15-2号	0571-23256883
44	杭州富阳金富春先进小额贷款有限公司	杭州市富阳区恩波大道677号	0571-63161798
45	杭州富阳富仑小额贷款有限公司	杭州市富阳区新兴路5号	0571-61761800
46	杭州市临安区兆丰小额贷款股份有限公司	杭州市临安区锦城街道横潭路28号	0571-61107007
47	临安市中达小额贷款股份有限公司	杭州市临安区锦城街道江南商城1幢	0571-61081891
48	临安市韦丰小额贷款股份有限公司	杭州市临安区锦城街道广电路37号	0571-61135800
49	临安市康通小额贷款股份有限公司	杭州市临安区锦北街道苕溪北路398号	0571-61106825